JN046414

多文化福祉コミュニティ

外国人の人権をめぐる
新たな地域福祉の課題

三本松政之・朝倉美江 編著

誠信書房

はじめに

　私たちは本研究における調査で，2009年8月に，ソウル特別市にあるヒニョン宣教（ジュビリーミッション）医療共済会を訪問した。前の訪問先での調査が長引き，また地理的にもソウル市を縦断するような位置関係にあり，同会への到着は1時間近くも遅れてしまった。そんな私たちを，同会の李萬烈（イ・マンヨル）代表は次の用事があったにもかかわらずお待ちくださり，挨拶の言葉を兼ねて同会の母体であるジュビリー宣教会設立の動機と経緯を簡単に説明された。

　そのときの話を，後に李代表は，「外国人労働者に仕える理由」として文章化されている[*1]。1988年のソウルオリンピックにより，韓国の発展の様子を知って，東南アジアの若者たちが「コリアン・ドリーム」を抱いて韓国へと押し寄せてきた。しかし，彼らはすぐに差別待遇と人権，賃金未払い問題に苦しめられるようになった。そのようななかで宣教会は，1993年頃からソウル特別市の九老地域で彼らに憩いの場を提供し，無料診療を行い，2年後には医療共済会を設立し，事実上の医療保険を実施することになった。医療共済会では病院を併設し，複数の診療科が設けられ，診察を受けられるようになっていた。

　李代表は挨拶の終わりに，外国人勤労者に関心を持つことになった動機が日本と関係があること，この仕事に携わることになったのはキリスト教徒だからでもあるが，日帝植民地時代を勉強している歴史学徒であるためだと語られた。後に知ったことであるが，李代表は韓国の著名な歴史学者で，淑明女子大学名誉教授でもあった。

[*1]　http://www.sanorum.org/bbs/zboard.php?id=board3&page=9&sn1=&divpage=1&
sn=off&ss=on&sc=on&select_arrange=vote&desc=desc&no=821

李代表は，日帝は想像し難いほど韓民族に苛政を行ったことを語った。

「19世紀後半の開国前には，日本は韓国を蔑視しておらず，植民地時代にも韓国人は日本人に劣らないのに，なぜそのように差別待遇をしたのだろうか。私が下した結論は，日本と韓国は民族が違うからだというものだった」。

続けて，「ところが，ソウルオリンピック以後，東南アジアから外国人労働者が来たとき，彼らは韓国人から蔑視と虐待を受けなければならなかった。当時，調査したところによれば，東南アジアから来た労働者たちの65%程度が自国の大学で勉強をしたエリートであった。そのような人々がなぜ，韓国で過酷な差別待遇を受けなければならなかったのだろうか。そのときに下した結論も，やはり民族が違うためというものだった」と話された。

そして，「私は日帝に民族的差別待遇を受けた韓国人が，東南アジアの労働者たちに向かって，民族が違うという理由で差別待遇をするということが恥ずかしくて耐えることができなかった一方で，怒りが起こった。これは，歴史のなかできちんと教訓を得られなかったからなのだ」。

李代表の話で強く印象に残っているのは，「私たちがいつの間にか東南アジアの労働者たちに対して，私たちを差別待遇していたまさにその日帝のような存在になっていたのだ。それがとても恥ずかしかった」と語られたことである。「だから，贖罪する気持ちで外国人労働者に仕えることになったし，この事実をあなたたちに告白することになった」と語り，「私たちが植民地の悲しみを経験したことから，その心情を持って，今の苦しんでいる他の民族の涙を洗い流してくれるように」と話された。

韓国で多くの調査を重ねるなかで，日本の植民地時代のことに触れられたのはこのときだけであった。それだけに強く印象に残るとともに，韓国における多くの民間団体による支援の根底に，人権への強い意識があるものと考えるようになった。事実，私たちの訪問した団体の多くが，人権を団体名に入れたり，活動目的に掲げていた。また，そこで掲げられる人権意識の背景には，軍事政権との闘いを通して民主化を勝ち取ってきた運動の経験も関わっている。

これらのことは，なぜ私たちが本書において韓国の外国人移住生活者への

支援の調査を行い，またそこから何を学んだのかということと関わる。近年
になって，外国人移住生活者の生活支援は社会福祉の関連学会などでも，シ
ンポジウムや雑誌の特集として取り上げられるようになってきているが，私
たちがこの研究を始めた頃には，社会福祉の領域での外国人の生活支援につ
いての関心は低かったと言わざるを得ない。私たちは本研究を通して，社会
福祉と人権との関わりを改めて考え，社会福祉の今日的な課題であることを
確認してきた。

　2019（平成31）年1月1日現在の，住民基本台帳による日本人の総人口は
127,443,563人（総務省）で，外国人住民は2,667,199人，その割合は2.09％
となる。また，韓国の外国人住民は2,054,621人で，総人口比4.0％にあたる
（2018年11月1基準，行政安全部，「地方自治体の外国人住民現況」調査）。外
国人労働者は528,063人，結婚移住者は166,882人，外国国籍同胞が296,023
人である。2019（令和元）年6月末での日本の外国人登録者数は282万9,416
人であり，国籍数は195に上る（法務省，令和元年10月25日）。

　本書は，科研費助成金「複合的多問題地域にみる社会的排除の構造理解と
その生活福祉支援に関する比較地域研究」（基盤研究（C）研究代表者：三
本松政之　2005-2008年度），「移住生活者の生活支援と移民政策における福
祉課題の位置づけに関する日韓比較研究」（基盤研究（B）研究代表者：三
本松政之　2009-2013年度），「多文化共生地域福祉論の構築」（研究代表者：
朝倉美江2011年-2014年度）による成果に基づくものである。

　本書のベースになる研究としては上述した研究費により，2005年から岐阜
県を中心にした日系ブラジル人集住地域における生活支援に関わる研究を
行っており，その過程で韓国においても日本と同様に外国人労働者が増加し
ている状況を知り，2008年以降継続的に韓国での調査を実施してきている。
それらの調査の過程において，韓国では外国人労働者の増加とともに，結婚
のための移住者である外国人移住女性が増加し，また彼らが形成する多文化
家族の増加がみられること，さらにそのようななかで生じるさまざまな課題
に対して，政策的対応や多様な支援が行われていることを知った。

　韓国の移住生活者に関わる統合政策，とくに結婚移住者への多文化家族支

援は，韓国の「移民政策」の主要な柱のひとつとされており，広範な地域（自治体）で展開されており，日本における外国人移住生活者（以下，移住生活者）の生活支援と移民政策における福祉課題を考察するうえでも，日系ブラジル人を中心とした外国人労働者の集住地域だけではなく，多様な経緯のもとで日本に定住化している移住生活者への支援に視点を広げて研究を進める必要があると考えるに至った。

　一連の研究では，移住生活者をめぐるメゾレベルでの社会福祉政策研究として，移住生活者の不安定定住化が進展しつつある日本の基礎自治体および県における外国人労働者支援の実態把握と課題の解明を行い，具体的な福祉施策形成に寄与することを目的としてきた。また，比較研究として，「移民政策」が先行する韓国の移住生活者の社会統合政策の実態と課題を把握することを試みてきた。

　なお，本書では，日本において「移民」という用語を用いた政策がとられていないことと，移住生活に伴う困難や生活課題を対象とするという意味も込めて，「移民」とともに「移住生活者」という用語を用いている。

　日本においては，定住化の進展に対する国の政策次元での対応は，いまだ体系的なものとはなっていない。本書は，政策の不在から生じるさまざまな生活上の困難に対して，移住生活者の生活の場である地域との関わりにおいて，生活者としての権利や人権の保障という福祉的な観点から，地域福祉が新たに取り組むべき課題のひとつとして，外国人支援のあり方について，その課題を明らかにすることを意図したものである。

　科研費による研究では，福祉的な観点からの定住外国人の支援として，生活の場における地域の社会関係のあり方を探った。日本の実態把握は，2005年から外国人労働者の生活課題について岐阜県美濃加茂市，可児市，静岡県浜松市で調査を実施し，また日系ブラジル人の集住都市のように特定自治体における外国人集住はみないものの，県内にいくつかの集住地域を有する埼玉県においても調査を行った。県および各自治体や民間団体の関係者の方々に，多くのご協力をいただいた。

　韓国では，移住労働者，多文化家族への支援に関わる制度やその実態につ

いて把握することに努め，移住労働者施策，結婚移住者への支援施策の現状と課題について把握してきた。韓国での調査はソウル特別市，大邱広域市，仁川広域市，安山市，大田市，京畿道，慶尚北道で実施してきた。訪問先は保健福祉家族部（当時），ソウル家庭法院，大邱広域市女性家族研究センター，慶尚北道女性政策開発院，大邱広域市庁女性青少年家族課，東大門区多文化家族支援センター，龍仁市多文化家族支援センター，達西区庁企画調整室，達西区多文化家族支援センター，慶北亀尾市多文化家族支援センター，また移民支援の民間・市民団体として安山移住民センター，ヒニョン宣教（ジュビリーミッション）医療共済会，韓国移住労働者健康協会（MUMK），ラファエルクリニック（Raphael Clinic），花園社会福祉館，天安外国人センター，外国人移住労働者対策協議会，青い市民連帯（現・青い人），韓国移住人権センター，仁川女性の電話，アイダマウル，移住女性緊急支援センター，韓国移住女性人権センターなどである。本研究は，ここに挙げた関係者の方々の深いご理解とご協力により成り立っている。記して謝意としたい。

　本書の執筆者以外に本研究の過程に携わったのは，大井智香子准教授（皇學館大學），尾里育士准教授（長崎純心大学），中尾友紀准教授（愛知県立大学）である。上記の大邱広域市，慶尚北道亀尾市での調査において，調査対象の選定から調査時のコーディネートなどを東洋大学大学院で学ばれた嚴基福氏に，またソウル家庭法院での調査にあたっては宋賢鐘氏（ソウル家庭法院調査官，当時）に負うところが大である。本研究が韓国での多くの調査を実施できたのは，調査のコーディネート，通訳，資料の翻訳などいろいろな点で支えてくれた留学生や元留学生たちの存在がある。李栖瑛氏（現・ソウルサイバー大学），尹一喜氏（現・金沢大学），金圓景氏（現・明治学院大学），金宣我氏，金卿相氏，梁丁充氏，柳姃希氏，金信慧氏，金東善氏（故人）にはとくに協力をいただいた。鍛治智子氏（現・金城学院大学）には，現地調査に加えて研究会の事務などで協力いただいた。その他，多くの方にお世話になっている。記して謝意を表したい。

　本書の作成にあたっては，社会福祉領域において必ずしもいまだ十分な認

知を得ていない，外国人の福祉をテーマにした本書の出版にご理解をいただいた，株式会社誠信書房社長柴田敏樹様に心よりお礼を申し上げます。また，先代社長の柴田淑子様のもとで『社会福祉施設——地域社会コンフリクト』の出版において初めて編者として関わらせていただき，今新たな書を送り出させていただけることに感謝します。最後になりますが，編集部部長の中澤美穂様には，ご多忙ななか直接原稿をていねいに読み込み，細やかな配慮と多くの示唆をいただきました。改めて記して感謝を申し上げます。

三本松 政之

目　　次

第1章 地域福祉と多文化福祉コミュニティ

【三本松政之】

第 1 節 福祉国家とその変容

1. 変動する社会のもとでのコミュニティ

　グローバリゼーションが進行し，移民や難民に関わるシティズンシップが問われる現代において，福祉社会を支えていくのは誰なのであろうか。国家の枠を超えた生活課題への支援はいかなるかたちで可能になるのだろうか。

　藤村正之は，グローバル化の時代において福祉国家の揺らぎが問題となっており，「福祉達成を下支えする経済的要因に目配りするならば，もはや，社会政策を一国内の影響関係のみ完結する社会現象として理解することは難しくなってきた」と述べる。そして福祉社会には，「福祉コンシャスな社会という側面と，国家だけではなく，さまざまな行為主体の貢献によって社会全体で福祉を達成していこうとする側面が内包されている」とし，後者の福祉多元主義（welfare pluralism）には結果として政府の相対的撤退を許容するという批判が見られ，「国家の管理主義・パターナリズムを克服しつつ，福祉国家と社会福祉の相互連携が求められるのが現代だといえよう」と指摘している（藤村，2009，p. 37）。

　イギリスの社会学者アンソニー・ギデンズ（Anthony Giddens）は，政府が市民社会のさまざまな組織と協力して，コミュニティの再生と発展を促進するための方策の必要性を指摘した。ギデンズは新自由主義でもなく，旧来の

社会民主主義でもない新たな方向性を，「第三の道」として示した。彼は「第三の道」が目指すものは，グローバリゼーション，個人生活の変貌，そして自然と人間の関わりの大きな変化のなかで，市民一人ひとりが自ら道を切り開いていく営みの支援だと述べている。連帯感の希薄化した社会の再生に対して「第三の道」は，地域主導による実践的手段としてのコミュニティの再生を重視する。ギデンズはコミュニティを，「失われた地域の連帯の建て直しを意味するのではなく，近隣，都市，より広い地域を，社会的，物理的に刷新するための実践的手段（practical means）にほかならない」（Giddens, 1999, pp. 78-79）と述べている。

▌2．社会的空間としてのコミュニティ

　私たちも，こんにちの変動する社会における社会的営みとして，人々が相互に支援することで共通の目的を実現する共同のあり方の可能性を，コミュニティに探りたい。ここでのコミュニティは，地域社会という意味ももつが，それだけではなく人々が作り出す共同・協働のための「場」（社会的空間）という意味をもつ。コミュニティは，意図的に構築される関係のありようを指し示すものとして位置づいている。人々の生活を支える実践的手段としてのコミュニティのあり方について検討したい。

　多文化社会化という新たな状況下での課題への取り組みにおいても，異質な主体の協働をもとにした地域からの福祉施策の実現は，生活課題認識を共有することから始まる。その始まりの場は，コミュニティとしての確かな輪郭をもつものではない。それは，生活課題に対して，当事者を含む多様な属性をもつ人々によるボランタリーな実践的な活動として点在する。それらの活動は，福祉コミュニティを具現化するための苗床となる。

　厚生労働省社会・援護局長のもとに2007年に設置された「これからの地域福祉のあり方に関する研究会」は，地域社会で支援を求めている者に住民が気づき，住民相互で支援活動を行うなどの地域住民のつながりを再構築し，支えあう体制を実現するための方策を検討することが課題とされた。同研究

会の報告書は『地域における「新たな支え合い」を求めて——住民と行政の協働による新しい福祉』（厚生労働省，2008）と題され，そこでは福祉を地域で支える仕組みの構築が求められると同時に，「制度の谷間にある人々」，制度から「排除された人々」の社会的包摂（ソーシャル・インクルージョン）がいかに可能か，という認識が求められているとしている。この認識は社会的排除（ソーシャル・エクスクルージョン）への認識が前提となる。それは社会的，経済的，政治的，文化的な関係から切り離されることにより問題を抱えた人々や地域の状態を，社会的に排除されているものとしてとらえ，かつ複合的な要因による構造的問題としての理解に立つものである。

　コミュニティを共助の空間として地域のなかに位置づけるとき，地域福祉は，地域における新たな支え合い（共助）のシステムを構築する「場」（社会的空間）としてのコミュニティを媒介に，新たな地域社会の創生の軸となる。

　平野隆之（2008a）は同報告書に関わり，「地域における『新たな支え合い』（共助）を確立する」が，研究会の記録ではそれが当初は「共助の空間を地域の中に位置づける」とされていたことを指摘し，「地域福祉＝共助」ではなく，「地域福祉＝共助の空間」という整理がより魅力的に聞こえると述べている。この指摘の観点は，平野（2008b）が自著『地域福祉推進の理論と方法』において，コミュニティについて，それが「一方で福祉課題をかかえる人が『地域（コミュニティ）のなかで：in the community』暮らせるという空間・場所を意味しているとともに，他方では『地域（コミュニティ）によって：by the community』と，福祉活動の主体としての意味をもつ」(p. 85) と論じていることと関わっているであろう。平野は地域福祉を動態的にとらえるために，コミュニティの主体と空間という 2 つの側面からとらえようとする（同, p. 83）。つまり「コミュニティと福祉資源の両者は，地域福祉という枠組みのなかで深く結びつき，相互に作用しあって地域ケア資源の形成に対してそれぞれの役割を果たす」(同, p. 85) のである。

　平野により提示された上記の指摘から，コミュニティは空間の社会性とともに担い手としての主体のありようを内包している概念であり，ここにコ

ミュニティを社会的空間としてとらえることの意義を見出すことができる*1。

第 2 節　福祉コミュニティ形成と臨床性

‖ 1．社会福祉の臨床性

　福祉コミュニティの形成を試みる活動は，生と生活をその活動フィールドとする市民活動であるともいえる。福祉の特質は生に関わる支援である。これを臨床性と表現すれば，臨床性という特質をもつ福祉では，継続，維持していくことが重要な要素となる。生に関わる支援であればそれは，活動の継続性が求められ，組織化やマネジメントという課題，ときに制度化に向けた運動的取り組みも必要となる。

　ところで，臨床性という特質をもつ社会福祉に関わる研究が，社会科学としての側面をも有していることはいうまでもない。社会福祉研究に関わる者として研究を進める際に耳にするのが，「研究のための研究」という現場での実践者から発せられる非難を込めた言葉である。その背景には，福祉実践という目の前に存在する人の生の支援に関わる課題と取り組んでいる人々にとっては，「理屈はいいから実践をすることが先だ」という思いがあるのではないだろうか。

　しかし，他方で臨床の場で実践を積み重ねる人々も，自らの実践に対する理論的な裏づけを求めている。幅広い活動の場で社会人として現場実践の体験を積んだ経験豊かな実践家たちが求めているのは，臨床の知を整理したり，理論化したりすることではないだろうか。実践活動に携わり，試行錯誤

＊1　なお平野は，地域福祉に関わってのコミュニティの推進という側面だけではなく地域福祉の推進上の支障として登場することを，コンフリクトの問題から指摘している（平野，2008b，p. 86）。

のなかで活動を続ける人々も，自らの活動の意味を探り，活動の試みに対する基礎づけを欲しているのである。

　新原道信は“臨床”について，「『床に臨む』，自分であれ他者であれ病んでいたり，苦しんでいるもののかたわらにいる，共にある，ただオロオロとかたわらにあるということ」であるとする。そして臨床の“智”について，「意識されないがゆえに語られない，あるいはうっすらとは意識されてはいるのだが言語化するには至っていなくて語れない，不可視でなおかつ微視的な“痛み”とそれにむきあう“智”」とする。ここでの“智”は，複合的でかつ可変的な事実に対して，その動きのなかで変動に応えていくようなまとまりをもったダイナミズムとセッションからなる。“智”のセッションとは，「エネルギーの蕩尽，違和感，離齬，衝突，自己の揺らぎ，等々を聴くことの場」であるとする（新原，2001，pp. 259-260）。

2．苗床としてのコミュニティ

　制度化の進む福祉環境のなかで，異質な主体の協働をもとにした“下から”の福祉施策の実現は，生活課題認識を共有することから始まる。それは，それぞれの抱いた課題に対して，当事者を含む多様な属性をもつ人々が，互いに排除することなくつながるボランタリーな個人ないし集団・組織をその構成員とし，試行錯誤の繰り返しのなかで形成されていく相互支援の場となる。そしてそれは，新たな可能性を探求し続けるための，協働的対応のための緩やかなつながりの場としての実践的なコミュニティであり，福祉コミュニティを具現化するための苗床となる。

　福祉コミュニティの具現化を図る施策の体系を，コミュニティ福祉政策と呼ぶことにする。それは，苗床としての役割を担う場での課題の発見と問題提起を含んだ実践が基点となり，独自の活動のみならず，課題の解決のための行政などの諸機関への働きかけや協働を含めた諸活動を通じ，生活課題を公共課題化し，制度の改善や新たな制度化に向けるものである。

　多文化福祉社会とは，異なる複数の文化の共存可能性としての多文化主義

の考え方を基礎にし，文化の基盤となる生活機会の保障という課題を基底に
据えた福祉コミュニティ形成を中核にして，その実現を図る動態的な社会モ
デルである。また，コミュニティ福祉政策とは，先に述べたように，そのよ
うな多文化福祉社会形成に向けた課題の発見と問題提起を含んだ諸実践が基
点となり，個々の活動のみならず生活維持のための課題の解決に向けた行政
や関係諸団体への働きかけや協働を含めた諸活動を通じ，生活課題を公共課
題化し，制度の改善のための施策化を図り，さらに新たな制度化などを通し
て，福祉コミュニティの具現化を図っていく施策の体系である。

第 3 節　先行研究にみる多文化共生論の課題

‖ 1．異化と共生

　コミュニティと外国人労働者をめぐる研究は，主に社会学領域でその蓄積
が見られる。奥田道大は，「外国人労働者と日本社会」というテーマにおい
ては日本社会の「単一民族国家としての同質性」，外国人労働者の受け入れ
を閉ざす制度的，構造的特性が特記され，これらの特性は，地域社会レベル
では地域社会の「同質集住・異質排除」の原則がことさらに強調されるが，
そこには過度の単純化の誤りがあると指摘し，「さまざまな意味での異質・
多様性を認め合って，相互に折り合いながらともに自覚的，意志的に築く，
洗練された新しい共同生活の規範，様式」が存在するとしている（奥田，
1995，pp. 30-31）。
　奥田とともにエスニシティ研究を進めてきた一人である広田康生（2003）
は，その研究の特徴の一つとして，「労働者としての側面だけではなく越境
移動者個人の生き方と彼らが提起する問題を，その移動や当該社会での生活
の拠点とする場所との関連で明らかにしていこうとしていたこと」を挙げて
いる。そして「都市エスニシティ論」が，『越境者』の適応と社会参加の独

特の形式や，『状況の乗り越え』とそれを支える絆が生み出すさまざまな問題を提起してきた」こと，とくに「統合し尽くされることのない，人々の生き方や行為の諸実践，あるいはそうした生き方に意味を与えるアイデンティティ形成の過程」（同．pp. 23-24）に着目してきたとする。そのうえで，これらのテーマはコミュニティ形成論などで論じられてきたものであることを指摘し，都市郊外部での新住民の生活問題に関わる住民運動は「その運動の過程での既存の制度的世界への異化作用と，自らの生活価値の問い直しを人々に提起した」（同．p. 24）とする。そして「越境者と定住者双方に起きる異化作用および意味創造の問題は，今後の課題として都市社会学的エスニシティ研究及び都市コミュニティ研究が提起した重要な課題として認識しておきたい」（同．p. 25）と述べている。

　奥田らの研究が東京などのインナーシティで展開されているのに対して，小内透らは日系ブラジル人の集住地として知られる群馬県太田市・大泉町で研究を進めた。小内は1980年代以降の研究テーマとして，以下の4つの流れを指摘している。①国際的な視点やグローバルな視点からの研究，②外国人労働者自身を対象とし，彼らの特性を明らかにする研究，③外国人に対する諸制度や，自治体の外国人政策に関する研究，④外国人労働者とその子どもに対する教育のあり方に焦点を据えた研究である。しかし，これらの主流をなす研究では，外国人労働者の急増に伴う地域社会の変化やホスト住民に与える影響に関しての検討が不十分であったとし，外国人労働者を「移動を繰り返す一時的な『出稼ぎ者』ととらえるだけでなく，定住化しつつある新たな地域住民として把握することも必要」だとする（小内．2001．pp. 7-9）。

　だがこれらの研究に対して，流入，増加，定住化が地域社会に及ぼす影響について，外国人だけではなくホスト住民をも対象にした実証研究も見られるようになってきていることを指摘し，その特徴として外国人労働者とホスト住民との交流，対立，葛藤などを把握し，共生の展望と課題を明らかにしている点を挙げている。また，共生概念についての検討を行い，共生がもつ複数の意味を整理している。

　まず，①機構的システムないし制度上の共生（＝「システム共生」）と，

②労働-生活世界上の共生（＝「生活共生」）とに区別し，それぞれには多様な形態があるとし，前者には③居住する国や地域社会（地方自治体）の各種の機構的システムないし制度を，外国人がホスト住民と対等，平等な条件で利用できるような「オープンなシステム共生」，④それぞれの国・民族の機構的システムないし制度が共存する「デュアルなシステム共生」，⑤それぞれの国のシステムが連結できる「インターステイトなシステム共生」がある。後者の「生活共生」には，⑥棲み分けによって一種の「平和共存」の状況になっている「セグリゲーションによる生活共生」，⑦互いに偏見なく，対等な立場で，日常的にコミュニケーションをとり，新たな共同関係ができている「コミュナルな生活共生」がある。そして⑥と⑦の間に，⑧「特定階層内の生活共生」や，⑨「特定パーソンの生活共生」などの形態も存在しうるという（小内，2001，pp. 14-15）。

▌2．共生とマイノリティ問題

　梶田孝道・丹野清人・樋口直人らの共著『顔のみえない定住化』は，「外国人労働者がそこに存在しつつも，社会生活を欠いているがゆえに地域社会から認知されない存在となること」をその表題としたように，「顔のみえない定住化」と呼んでいる（丹野，2005a，p. 72）。「顔の見えない定住化」は「就労の論理に従属した生活様式の形成なのである」（樋口，2005a，p. 209）という。

　それが生じる基本的なプロセスは，長時間労働によって引き起こされる地域の日本人住民との接点をなくす第1のプロセスと，労働力の配置替えという請負労働力化によって生じる第2のプロセスとが，複雑に絡み合いながら進行する。そして当初の単身者によるデカセギは，しだいに滞日家族を頼っての家族滞在を進行させ，さまざまな世代が同居するデカセギとなるが，先の基本的なプロセスは維持される（丹野，2005a，p. 72）。

　同書での焦点は，ブラジルから日本へのデカセギに関わるさまざまな制度や，その制度の特性と変化によって現象を説明することに当てたこととされ

る（樋口，2005b，p. 2）。「ブラジル人のデカセギに関する先行研究は，目にみ
える現象をただ記述する傾向が強く，デカセギの特質をとらえる分析枠組み
は未開発のままであった」のに対して，同書では「構造的制度的要因によ
り，移住過程を説明」し，移民統合政策の不在を指摘する（樋口，2005b，p.
17）。

　地域において顔の見えない存在であることは何を生み出すか。この問いに
対しては，現実把握の困難，誤ったイメージの増幅，必要な施策を行うこと
の困難を生み出すという。外国人問題の社会問題化のプロセスは，まず「具
体的な経済問題と地域社会の相克が地域政治の文脈」にのり，次にそれが
「言説の世界を通して一つのイメージの流布」となり，イメージを受け取っ
た地域外のアクターが地域問題に介入していく。そうした介入により「地域
の社会問題が問題化される認知構造」が生み出されるのである（丹野，2005b，
p. 247）。そして，「制度設計なき共生」は脆弱な基盤しかもたず，共生社会
の矛盾を引き起こす（丹野，2005b，p. 251）。「顔のみえない定住化」を帰結す
る均衡から，より人間の発達に寄与する均衡に至るための条件について，
「ブラジル人の基本的権利とコミュニティの強化をセットで進め，最低水準
の保証と社会的資本の蓄積が今日のそれとは別の均衡を生み出す可能性」
（樋口，2005a，p. 286）を提起する。

　居住局面についての前提にはブラジル人労働市場とブラジル人労働者の共
進化があり，「フレキシブルな労働力としてのブラジル人と，地域社会の構
成員としてのブラジル人が引き裂かれた結果として」地域住民とのコンフリ
クトなどの「団地問題」が生じる。すなわち，「切り離し装置としてブラジ
ル人雇用が生じることにより，ブラジル人の側に短期的な移動を行為の前提
とする誘因が働く。それに相応して短期的に最大の利益を生み出す適応行動
をとった結果が，顔の見えない定住化として現れる」とまとめている。これ
まで国家は入国管理の面で自由な移動を認め，市場原理の貫徹を帰結させて
きたのに対して可能な対応を行ってきたのが地方自治体であるとし，自治体
の外国人政策の論理が検討される（樋口，2005a，pp. 288-292）。

　まず，自治体での外国人政策に関わる部署は，「外国人を国内に居住する

マイノリティとしてではなく，外国から来た一時滞在者の延長としてとらえる傾向が強い」ことを指摘する。樋口は，外国から来た旅行者や留学生などの一時滞在者との交流の延長としての「国際化政策」と位置づけられ，その経路依存性が強く作用するために，「現実に生起する『マイノリティ問題』に対応できないでいる」と述べ，自治体の外国人政策の限界を指摘する。そして，その限界に対して「共生」が政策に取り入れられつつあるとする。この共生には，「異質な者同士が相異を認め合うことが織り込まれており，その意味でマイノリティ政策としての志向を当初から内に含む」ことで，運動体にとっても「多文化共生」が実現されるべき目標とされており，反対がないのが特徴だとする（樋口，2005a，pp. 294-297）。

第 4 節　共生概念の限界

　しかし，次にこの「共生」概念のもつ限界が指摘される。まず，樋口は奥田らの議論を例示し，それが「モデルに適合しない現実から目をそらす，あるいはそれを排除する傾向」のあること，すなわち，「『ものわかりのよい住民』と『生活基盤を築く外国人』だけをみる奥田共生論は，都合の悪い現実を消去した空想上の地域社会モデルでしかない」と評する。そして，「共生は『文化』あるいは『エスニシティ』（のみ）を説明ないし記述の単位とする誤った理解をしばしば帰結」し，「政治経済的な布置連関により生じる問題であっても，共生モデルでは文化（あるいはエスニシティ）に原因がきせられてしまう」ことを挙げる。すなわち，団地問題は「『不安定就労下にある労働者』と『安定的居住層』の問題でもあるのだが，『ブラジル人と日本人』の対立に還元されてしまう」のである。また，先の小内の議論を取り上げ，日本人と外国人の間に就労機会の違いは存在しないがゆえに「システム共生」が成立しているとする点を，批判している。「問題を文化的対立や地域摩擦としてとらえるのは，不適切で，『政府の失敗』『市場の失敗』に起因するものとみるべきである」とし，「『多文化共生』の問題としてとらえて

も，対処療法的に市場の尻拭いをすることにしかなりえない」と結論する（樋口，2005a，pp. 294-297）。

　これらの検討を通して，「統合」を「共生」に代わるスローガンにすることが提案される。統合は政治経済的領域での格差解消を重視するとし，「異なるエスニック集団が，社会文化的領域で集団の境界と独自性を維持しつつ，政治経済的領域での平等を可能にすること」と定義する。統合政策の理念について「権利」と「コミュニティ」の両者に焦点を当てる必要性を挙げ，前者を統合が実現するためのルールとし，後者をそれを実践に移すための資源とする。より具体的な提言として，丹野清人が示した①事業所は，社会保険に加入した事業者からのみ，間接雇用として労働力供給を受けるようにする，②有期雇用者の社会保険を全額事業者負担にする，③雇用保険を全額事業者負担とするの3点を挙げ，労働市場の安定化を図ることで「顔のみえる定住化」へと転換し，これと同時に，移民コミュニティの組織化を図り，スポーツなどへの助成を通して社会的資本の蓄積につなげたり，教育の再構築を図ったりすることを例示している（樋口，2005a，pp. 297-300）。

　同書は，市場原理に任せれば望ましい均衡に達するという新自由主義の下で，マイノリティが日本社会の問題を集中的に背負わされているような社会のあり方に対して，「最低限の人間的生活を保障し，コミュニティの活力を生かせるような社会設計のあり方」を提示することを課題としたこと，そしてその立場は，「強いていえば，『第三の道』が強調する建設的福祉の議論と社会的資本論の立場」であるとして結ばれている（樋口，2005a，pp. 297-303）。

第 5 節　「多文化共生社会」理念の拡大

1．多文化共生

　総務省による「多文化共生の推進に関する研究会報告書——地域における

多文化共生の推進に向けて」（2006年3月）では，地域における多文化共生
を，「国籍や民族などの異なる人々が，互いの文化的ちがいを認め合い，対
等な関係を築こうとしながら，地域社会の構成員として共に生きていくこ
と」（同報告書，p.5）と定義している[*2]。この定義では，多文化共生は「国籍
や民族などの異なる人々」との関係についての課題認識による定義といえ
る。また，多文化共生の政策形成に多くの関わりを持つ山脇啓造は，「共生
とは，異質な集団に属する人々が，互いのちがいを認め，対等な関係を築こ
うとしながら，共に生きていくこと」と定義し，「多文化共生社会とは，文
化的に異質な集団に属する人々が，互いの文化的ちがいを認め，対等な関係
を築こうとしながら，ともに生きていく社会」としている（山脇啓造HPよ
り）。この定義だけでは「文化的に異質な集団に属する人々」としているの
で，必ずしも「国籍や民族などの異なる人々」との関係を指しているとはい
えないが，直後の「今後，大規模な移民受け入れの可能性が高いことを示唆
しています。実際に日本でも，この数年の間に，グローバリゼーションや少
子高齢化への対応を理由とした，本格的な外国人労働者，留学生，移民の受
け入れの提言がなされています。21世紀の日本は，そして地球社会は，多民
族が共生する社会となるのでしょうか」という文章からすれば，やはり共生
は「国籍や民族などの異なる人々」を念頭に置いているようである。

▎2．ノーマライゼーションの理念と多元的価値

　社会福祉の共通理念ともいえるノーマライゼーションにおいては，その目
指す目標は障害領域にとどまるものではない。北野誠一は「反ノーマライ
ゼーション傾向」をもった社会を，「限定され，画一化された意識的・無意

＊2　なお，「多文化共生」という言葉については，「多文化共生の定義と歴史的経緯」に
　　よれば，「1993年1月に神奈川県で開催された『開発教育国際フォーラム』では，川
　　崎市桜本地区へのフィールドワークが分科会のひとつとして開催されたが，この催し
　　を案内した新聞記事が，日本の新聞紙上で初めて『多文化共生』というキーワードが
　　掲載されたものである」とされる（田村ら，2007）。

識的な共同防衛的同質感に基づいて，多様多彩な自己実現を展開する人々を排除せんとする，統制された均質社会」（北野，1993，p. 251）と定義する。

　北野はノーマライゼーションの理念について，「障害者や少数民族などの少数者（マイノリティー）が，その本来の姿のままで，地域社会のなかで特別視されることなく，当たり前の生活を営むこと，およびそれを求めて少数者と多数者（マジョリティー）が行う，共に生きるための相互理解と実践の総体」としている。ここには外国人労働者や難民が想起されており「障害者の自立生活と他のマイノリティーの現状や外国人労働者問題は無関係ではなく，深くつながる問題なのである」と述べている（北野，1993，pp. 253-254）。

　福祉の領域では，たとえば「ろう文化」が知られるように，文化としての障害という観点からの障害学における主張として，「障害の文化」という考え方がある。「同化には統合で報いるが，異化（同化しないこと）には排除で応える，と社会は宣言している。あるいは威嚇している。ところが，同化を達成しても，秩序に順応して適切に振る舞っても，社会はわたしたちを排除し続けている」という，「同化には統合で報いるが，異化には排除で応じる」という図式の存在を指摘し，さらに同化したにもかかわらず排除し続けていると感じられる社会の現実などの論点は，外国人労働者の「同化」「社会統合」などの論点に関わっても示唆することが多いように思われる（石川，2002；石川・長瀬，1999参照）。

　「顔のみえない定住化」は，「就労の論理」に従属した生活様式であるとの樋口の指摘を踏まえるならば，「就労の論理」から「生活の論理」を根底に据えた生活の再編の道筋を見出すことが課題となる。

　70年代のことではあるが，松原治郎はコミュニティという古くからあった言葉が新たに提起されてきたゆえんについて，「新しい地域結合の論理」を説明するためであったとした。そして，それは都市化現象の全体社会的規模での拡大と深化の過程を前提にしてこそ存在意義をもち，一人ひとりが独立した個我によって生きるようになるとする定説を否定し，むしろ変動する社会においては「生活における地域依存と地域的協力の必要性がかえって高まるし，また高めなければならないのだという観点に立つ」こと，「特定の具

体的な地理的範域とか，生活環境施設の体系というフィジカルな領域とかによって規定されるだけのものではな」く，「地域住民の『価値観』にふれあう意識や，それの共通性がもたらす共通行動の体系という価値で理解」されるとした。コミュニティは，一元的な価値にすべての人が統合されなければならないのではなく，個我においてはそれぞれが多元的に個別の価値やイデオロギーをもち，「多元的価値を前提にした上で，ある限定された価値について共鳴しうる人々の作り上げる共通の体系であり，組織体」であるとする（松原，1973，pp. 15-16）。

▌ 3. 統合政策──権利とコミュニティ

　ここでの課題は，異なる複数の文化の共存可能性を探る試みとしての多文化主義の考え方を基礎にしつつ，異質な主体による対等な関係の構築についてコミュニティ形成を媒介として探ることにある。ヤングは福祉国家の役割を「同化」（assimilation）に見出しているが（Young, 2007, p. 5），こんにちの多文化化する社会において，「統合」（integration）が課題となる。ここでの統合は，同化を意味するものではない。

　井口泰は，「日本では，欧州で使用されている『統合政策』という言葉のニュアンスが必ずしも良くないためか，これを実際に使う人は少ない」ことを指摘したうえで，「1990年代から，EU では，欧州委員会が，外国人政策に関し，『同化』と『多文化主義』に関する果てしのない理念的論争を避けることを提唱」し，「外国人と受入国の双方が歩み寄ることにより，外国人の権利と義務を保障し，その社会参加を実現していくことの重要性を主張し，そのような政策を『統合（integration）政策』と呼んだ」と述べている（井口，pp. 131-148）。

　リリアン・テルミ・ハタノは，梶田らの『顔の見えない定住化──日系ブラジル人と国家・市場・移民ネットワーク』の書評論文において，彼らが「異なるエスニック集団が，社会文化的領域で集団の境界と独自性を維持しつつ，政治経済的領域での平等を可能にすること」（樋口，2005a, p. 298）と定

義した「統合」について，次のように論じている。

　「integration も integração も，それぞれの言語の辞典では，著者たちの『統合』概念に近い意味が込められているのだが，日本語の『統合』はそうではないといわざるを得ない」とし，『広辞苑』では「二つ以上のものを一つに統べ合わせること，統一」とあり，「そこからは，『統治』や『支配する』という意味合い，印象を強く感じる」とする。またアンジェロ・イシの「『在日』の闘い方——コリアンとブラジル人の接点と相違点」（『アジア遊学』第76号，pp. 109-120）を引用して，「著者たちの統合概念を，『日本社会に外国人を integração することだ』と分析しているが，そのようなニュアンスがたしかに感じられる」とし，「『外国人の統合政策が必要だ』との言説には，著者たちが望むのとは正反対のイメージ，つまりマイノリティである外国人は日本社会が吸収する客体に過ぎないのだといったイメージを描かせる危険性があるのではないか」と述べている（ハタノ，2006，p. 154）。

　樋口は統合政策について，「社会文化的領域での多元性と政治経済的領域での平等を推進するにあたっては，『権利』と『コミュニティ』の両者に焦点を当てる必要がある」とし，前者が統合を実現するためのルールであるのに対して，後者はそれを実現するための資源であるとし，片方だけでは統合政策の目標は達成できないと述べている（樋口，2005a，p. 298）。

　周縁に位置する者たちにとって，システム化した社会の大きな流れに抗することが困難であるとすれば，それに対する社会的支援が必要であるように考える。こんにち注目されている社会的排除というとらえ方からすれば，周縁に位置する者たちは参加の機会を剥奪された状態にあるともいえる。

第 6 節　移住生活者の生活とその社会的位置

　移住生活者はホスト社会において，彼らの抱える生活課題についての共有が確立されにくいまま，メインストリームの周縁に位置している。「生活者」としての移住生活者の生活課題は，さまざまな要素が複合化した結果として

生じているものであるという認識に基づく支援策の確立が必要とされており、また移住生活者の定住化は、基礎自治体の範域を超えた支援策の構築に関わるメゾレベルの研究を必要としている。日系人などの移住生活者の定住化傾向の強まりつつあるこんにちにおいて、移住生活者への支援のあり方の模索と社会的統合施策が必要となっている。

　本書の対象について、図1-1において位置づけを試みる。図1-1は多様な移住生活者の多文化社会における位置づけを試みた枠組みである。横軸は統合政策のもとでデニズンシップ（denizenship：永住市民権）が実質化しているか、形式的なものにとどまっているか、縦軸は移住生活者の増加に対する政府の政策対応が積極的なものか、消極的な対応かという軸である。

　日本と同様に外国人移住生活者が急増している韓国において、結婚移住女性の増加に伴う政策的対応は、体系的な政策としてさまざまな施策の整備が行われており、デニズン（denizen：永住市民）としての結婚移住女性の諸権利は、少なくとも形式上においては広く認められている。

　第Ⅱ象限として日本において位置するのは、外国人技能実習生である。また、日系ブラジル人に代表される「定住者」の在留資格に基づく外国人労働者も、位置づけとしてはこの象限に位置づく。彼らへの政策的対応は、労働力の確保という点において積極的ないし顕在的な施策として認められ、デニズンシップも形式的には認められているが、それが実質化していないため不安定な生活となっている。

　この象限にはほかに、韓国の場合、雇用許可制による外国人労働者が位置

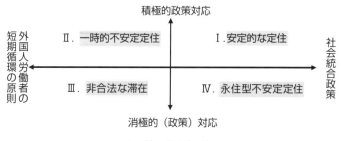

図1-1　外国移住生活者の位置

づく。雇用許可制は2004年に実施された。新聞報道等では，同制度の下で外国人労働者は単なる労働力と考えられ，その権利が保障されていないなどの批判が見られる。すなわち，雇用許可制は外国人労働者の人権擁護としての施策とはなっておらず，むしろ雇用者に外国人労働者を雇うことのできる権利を付与した制度として位置づく。合法的に滞在していない未登録滞在の労働者の増加問題に対して雇用許可制は，外国人労働者の受け入れを限定的に合法化したに過ぎないともいえる。それは一方で，中小企業の低廉な労働力の確保の課題に応え，他方で，外国人労働者の定住化による社会的費用増加を防止するための「短期循環の原則」遵守という現実的な課題に応えるという，その狭間に位置する政策である。

　第Ⅲ象限に位置づくのは，雇用許可制から外れたという意味での「非合法的な」外国人労働者としての「未登録労働者」である。未登録労働者への対応は，一方で取り締まりの強化が進められているが，他方でたとえば民間団体による医療支援は黙認するという実態が見られるように，その現実的対応において，外国人労働者のデニズンシップが限定的な形で実質化しつつあるともいえる。韓国の社会統合政策のさまざまな課題の存在は留保するが，体系的な施策としての移住生活者たちへの支援策が確立されつつある。そこには，「人権」をミッションとして掲げる団体による実践が，一定の役割を果たしている。

　第Ⅳ象限は，韓国のように体系的な支援策が見られない日本の結婚移住女性や難民，また永住資格を得た日系人などが位置づく。

　次節では，デニズンシップの実質化という視点から，韓国社会の総合政策について検討したい。日本では，体系的な政策的裏づけをもった移住生活者の支援策は，ようやく試みられるようになってきた段階である。韓国における政策推進のための枠組みは，公私の組織間の協働のあり方を模索していく福祉政策形成において，参考とすることができる。

第 7 節　韓国の社会統合政策

▌1．韓国の移住生活者への支援

　韓国における継続的な実態調査を通しての移住労働者，多文化家族への支援に関わる制度やその実状の把握から，韓国の移民政策に関わるいくつかの知見を得た。国は政策の枠組みを作り地方行政を統括し，地方自治体における施策の推進を図り，地方自治体においては補助金による財政的な支援というかたちで施策の実施を民間団体に委ねている。民間団体のなかには政府施策と一線を画す組織もあるが，民間支援団体の多くは行政との受委託関係などを通して，政府の支援施策の実践者として大きな役割を果たしている。

　韓国における移住生活者への支援の特徴は，①国（中央）レベルでの政策においては，国際結婚による結婚移住者とその形成する家族に関わる支援が，外国人労働者への支援よりも強く政策課題として認識されていること，②その支援施策展開にあたっての，国（中央）レベルと地方自治体レベルでの施策の体系的整備が行われていること，③ NPO 運営資金は寄付と自治体からの委託費が多く，民間団体と自治体間に密接な関係構造が存在すること，④民間団体，とくにキリスト教系非営利組織による支援が大きな役割を果たしていること，⑤民間団体のなかには行政とは一線を画して，未登録外国人（不法滞在者）への支援を独自に行っている団体があること，⑥外国人労働者の自立を促すという基本姿勢を持つこと，帰還労働者のための技術教育や創業教育などが提供されていること，⑦国の移住生活者の安定的な定着を促しつつ国家競争力を保持，強化するという基本姿勢であること，などである。

　以上のような知見に基づき，実際に政策的対応が進められているなかでの課題を明らかにするために，韓国調査では実践事例の分析を進めた。また，

制度的な支援の対象とはならない未登録労働者への民間団体における支援について，そのミッションの位置づけなどの解明を含めて課題を探った。なお，韓国においては，正規滞在者と未登録外国人とが対立的な関係にあるのではなく，両者は連続的な関係にあるという指摘は重要である。立場によって彼らを韓国社会のなかでどのように位置づけるかという評価が変化する。一方で，未登録外国人の排除が強化されつつあり，他方で多文化社会形成に向けた政策が志向され，多文化家族，移住労働者支援政策が整備されつつある。

2．韓国移民政策のねじれ

　韓国では多文化主義政策の対象が，結婚移住者とその家族に重点化しているなどの問題は否めないが，移住労働者支援の運動は，市民権運動と関わりをもちながら政府の多文化政策に先立つものとして政策形成に影響力を有している。NGO による未登録労働者への医療支援の政府の黙認，外国人労働者への労働搾取実態の改善に対する支援団体からの政策担当部署への申し立てや，移住女性支援団体による政策担当部署への生活改善策提案の確立されたルートなどは，実質的なデニズンシップ化ともいえる。

　本研究では，多文化社会化が進展する韓国におけるその実践的対応の把握を進めてきた。韓国の外国人労働者への政策と結婚移住者への政策との整合性という視点からは，その政策的位置づけは大きく異なり，前者は不足する労働力を補充するために一定期間滞在する存在とされ，さまざまな制約を受けている。一方，結婚移住女性は多文化家族を形成して国内にとどまる存在であり，社会統合の対象としてその支援が行われている。多文化家族支援は，実態的には韓国の移民政策の主要な柱の一つであり，法的な基盤に基づき全国の地域で展開されている。だが，外国人住民の約 4 割は外国人労働者であり，約 1 割が結婚移住者である。ここに韓国の移民政策のねじれが見られる。

　韓国における外国人住民等への支援においては，すでにみたように民間団

体の果たしている役割が大きい。国家による"上から"の制度化を通した施策の展開と，それとは一線を画した民間レベルでの"下から"の外国人労働者に対する支援策という，時には一定の対抗関係をもった展開の構造を見出せる。

第 8 節　移住生活者支援に向けて

▍1. 移住生活者の位置づけ

　韓国における移住生活者の支援において，民間支援団体の果たす役割は大きいが，多くは受委託関係などを通して政府の支援施策の実践者として位置づく。そのようななかで政府施策と一線を画し，地域に根差しながら地道な活動を続ける組織の存在は，社会変革という点で大きな意味をもつ。定住外国人住民の支援では，生活の場における地域の社会関係のあり方としてコミュニティ形成のかたちが問われている。

　移住生活者に対する国家次元での施策は，経済政策や出生率低下への対応策などの影響を強く受け，その対応の施策は必ずしも移住生活者の実態を踏まえたものとはならず，政策と実態との間に大きなギャップが見られる。日本では日系人の定住化傾向の強まりが，彼らの移住生活者としてのとらえなおしと社会的統合の必要を自治体に迫っている。しかし，日本の国レベルでの移住生活者への支援施策は総論的な検討にとどまり，具体的な対応は基礎自治体に委ねられている。その基礎自治体でも定住化の現実や将来を見据えた対応は不十分である。不安定定住の下での彼らの将来を見通すならば，不十分な教育による貧困の問題，他方ですでに長期の定住生活をしている者もあり，彼らの高齢化への対応も現実化しつつある。

　図1-2は，外国人労働者の「定住化」が進展する下での，集住地域住民における施策の分析枠組みとして示したものである。縦軸は支援のあり方に

ついて社会統合的施策を志向するか，同化的施策を志向するか，横軸は集住
地域の基礎自治体の取り組みの姿勢に着目している。横軸は，基礎自治体の
移住生活者支援を進めるうえで移住生活者の受け入れ施策を，労働力として
一時的な滞在者として位置づけ，支援施策はその限りでの支援に限定するこ
とを志向するか（経済的イニシアティブ），あるいは移住生活者を住民とし
てみなし生活者として位置づけるか（「共生」イニシアティブ）に関わる軸
である。

　韓国では外国人労働者をめぐる政策課題を，経済的側面に関わる限りでの
政策に制限した，制限的な政策志向のもとで，2012年7月に改正された雇用
許可制のように，法律上韓国に滞在する期間内において労働に関わる諸権利
が認められ，在留期間も延長され，原則はあくまでも短期循環型ではある
が，実質的には長期滞在が認められるようになっている（Ⅱ）。

　同化施策は裏返せば，異質な外国人を排除する施策であり，外国人労働者
はあくまでも「出稼ぎ型の労働者」として，短期循環型の一時滞在型労働者
（労働力＝非「定住」者）として処遇される。日本では外国人技能実習生が
該当する（Ⅲ）。当該社会へ包摂していくが，実質的な同化施策の志向が強

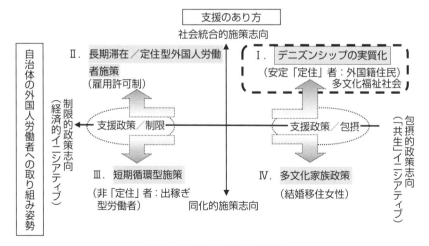

図1-2　移住生活者への施策

い場合として結婚移住女性は，第Ⅳ象限に該当する。

　移住生活者を，単なる労働力提供者や同化を前提とした結婚移住女性としてではなく，自国社会における権利主体として，また出身社会へのアイデンティティや文化的背景を尊重したうえで，生活上の権利を有する住民と考え，デニズンシップを実質化するとき，安定「定住」者として位置づく（Ⅰ）。

▎2．デニズンシップの実質化に向けて

　本研究の今後の方向性として，デニズンシップとしての生活権の実質化に着目し，その過程や論理を明らかにし，移民政策としての対応が遅れている日本で，生活課題や困難を抱えながら「不安定定住」する移住生活者の生活権の拡充とその実質化を図る過程の分析を進め，自治体，NPO などの支援による「実質的なデニズンシップ」を基盤とした地域福祉モデルの構築が，課題となる。

　こんにちの日本における移住生活者への無策を考えれば，福祉的な課題として若年世代での不十分な教育による貧困化，備えなき老後生活の問題化などが危惧される。移民政策不在の現状において，地域レベルからの「デニズンシップの実質化」を地域福祉の喫緊の課題として提起したい。この主張は，日韓で進む定住化の展開に関する研究の成果からもたらされたものであり，不安定定住化の下での生活課題，とくに移住第二世代の社会的排除の問題や高齢化支援ニーズの高まりを福祉的な課題として予想している。

　分散型自治体では，移住生活者の不安定定住はイシュー化が図られにくいが，これらの課題は外国人集住都市自治体に限らない普遍性をもつ課題である。本研究は日韓での「実質的なデニズンシップ」化の実態を把握し，福祉課題としての地域的共同性を基盤とした地域的公共性の構築の要因や過程，論理を明らかにし，実質的なデニズンシップ化への地域福祉の課題を提示する。

　就労や結婚などを契機に他国での定住生活を送る移住生活者をデニズンと

して位置づけ，その権利をデニズンシップとして実質化している側面に着目
し，実質化の実態を明らかにすることを課題とする。

　多文化社会化が進展する韓国社会における政策的・実践的対応の実態の検
討を通して，政策の根底となる理念を見極めることは重要である。それは，
韓国において国の施策として展開されている多文化家族への支援への批判
や，その問題点を自らの実践において変革しようとする NGO のミッション
に読み取れる。福祉に携わる者に，人権のもつ意味を再確認させる契機でも
ある。

　図1-3では，移住生活者へのコミュニティの包摂的指向性の軸と，コ
ミュニティにおける移住生活者の生活権の拡充に向けたイシューの認識の軸
を設定し，その高低を軸に，「無関心」「黙認」「社会的排除（差別）」「実質
的なデニズンシップ」という4つのコミュニティでの移住生活者との関わり
方のパターンを提示し，移住生活者へのコミュニティの包摂的指向性の高ま
り，コミュニティにおける移住生活者の生活権の拡充に向けたイシューの認
識の高まりという変化により，デニズンンシップの実質化過程について提示
したものである。移住生活者の定住化が当該地域社会にもたらす多様な課題
について，それがどのようにイシュー化し，どのような地域的共同性が構築

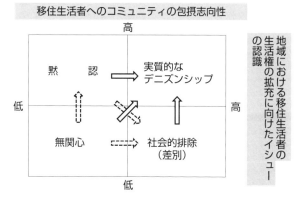

図1-3　デニズンシップの実質化（三本松，2014，p.181を著
　　　者一部改変）

され，またデニズンとして承認されうるかについてのダイナミズムを問うものである。ポスト福祉国家という認識に立った生活権の保障のあり方として，デニズンシップの確立が急がれる。不安定定住化に伴うイシューの共有は，地域的共同性を生み出す可能性をもつこと，そして「無関心」「黙認」「社会的排除（差別)」から「実質的なデニズンシップ」へと移行させる可能性について検討した。

　韓国で移住生活者を支援する多くの民間団体の実践は，それらの団体の名称に人権を掲げていることに見られるように，移住生活者の生活課題の共有には人権意識が介在して支援につながり，民間支援団体等による生活支援を通した課題の可視化がなされている。そしてそのことが移住生活者の生活権の拡充に関わる諸課題の解決にあたり，イシューの共有により地域的共同性を生み出し，生活課題解決に向けた諸実践が行われる。そして，実質的なデニズンシップを生み出す可能性が生まれる。

　移住生活者への生活支援が自治体において施策化できるかは，移住生活者が生活するローカルなコミュニティにおける移住生活者やその生活課題に対する包摂志向性の高まりの度合いによる。差別，無関心や黙認といった態度が変容するとき，異質・開放的な共同性に基づくコミュニティにおいて生活課題の協働による解決がなされることが可能となる。

コラム1

技能実習生と改正入管法

● 朝倉美江 ●

　技能実習生は人材ではなく人間である。法務省入国管理局が，「移民政策は一貫して認めていない」として入管法の改正を提起したことに対し，「外国人を『もの』ではなく『人』として受け入れる姿勢を欠いた，ゆがんだ政策と言わざるを得ません」と，NPO法人「移住者と連帯する全国ネットワーク」代表理事の鳥居一平氏は指摘している。2018年12月に改正入管法が成立し，新たな在留資格「特定技能」が導入され，単純労働者の受け入れが認められることになった。

　入管法改正後の2019年2月6日，技能実習生として来日後に失踪し，窃盗などの容疑で逮捕・起訴されたベトナム人男性が，静岡地裁で懲役1年6カ月，執行猶予3年の有罪判決を受けた。この技能実習生は，送り出し機関に多額の費用を払うため借金が必要であったことと，受け入れ先の労働環境の厳しさを訴えていた。彼は2015年9月に来日し，北関東にある土木会社で働いていたが，1年2カ月後に失踪し，2018年11月に静岡県島田市内のドラッグストアでサプリメントなど40点近く（約12万円相当）を盗んだとして，窃盗容疑で現行犯逮捕された。

　男性はベトナム北中部出身。ベトナムの送り出し機関に渡す費用や渡航準備などのため，家族が100万円を借金した。日本貿易振興機構によると，男性の出身地あたりの平均年収は約10万円という。土木会社では一生懸命働いても社長や先輩に殴打され，侮辱された。いつも不安と恐怖のなかにいた。時給750円で，体をロープでつり，高所で行う作業などに携わった。実際に働いた時間の半分くらいしか給料が支払われず，月給は平均7～8万円ほどだったという。わずかな生活費を残し，大半を借金返済のために送金したが，精神的に追い込まれ，2016年11月に逃げ出した。その後，首都圏の別の会社で働いたが，背中が痛むようになって長時間立っていられなくなった。

　昨年10月に愛知県内の親族のアパートに転がり込み，誘われて万引きに関与するようになった。1カ月で20回以上万引きを繰り返し，品物をインターネットを

使って転売。1カ月で約50万円を稼いだが，母国の家族には真実を伝えていな
かったという。弁護士によると，男性は入管法違反にも問われており，判決確定
後に強制退去の手続きが取られたとみられる（2019年2月27日『毎日新聞』夕
刊）。

　このベトナム人男性が行ったことは犯罪である。とはいえ，裁判で男性は
「（日本に）戻る機会があれば，弁償金を持って（被害に遭った）店に行きたい」
と語った。記者の取材にも「どんなに大変でも誠実に働こうと思っていたのに。
家族を悲しませてしまった」と後悔の念を伝えていた。外国人労働者の受け入れ
にあたっては，必ず外国人の犯罪が危惧される。しかし，現実には外国人の犯罪
は日本人の犯罪に比較するとわずかであり，その犯罪もこのベトナム人実習生の
ように背景には過酷な労働環境があり，追い詰められて起こしたことがわかる。
このようなことは防ぐことが可能なのではないか。

　日本と同様，1980年代末から外国人労働者を受け入れてきた韓国は，1993年に
「産業研修制度」を日本の研修制度をモデルに整備したが，「現代の奴隷制度」と
非難されたこともあり，2004年から「雇用許可制」へ大きく転換した。この雇用
許可制では，外国人が就業できる産業は，農水産業，建設業，製造業であり，
サービス業は一部の業種でしか就業が認められていない。具体的には，毎年政府
が不足する労働力を業種ごとに推計して，その数だけ外国人労働者を受け入れて
いる。さらに受け入れが可能なのは，韓国人を1，2週間募集したにもかかわら
ず人が集まらなかった場合に限られる。外国人の受け入れは，韓国政府がカンボ
ジア，ネパール，インドネシア，タイなど16の送出国と契約を結び，その受け入
れを許可し，管理を行っている。つまり，送出国と受入国の政府間の協定のも
と，選抜，導入，管理，帰国支援までのプロセスが透明化され，韓国人労働者と
の均等待遇などの雇用環境に，政府が責任をもっている。

　他方，日本の実習制度は，外国人である実習生と受け入れ企業の間に費用を徴
収する管理団体を通す，という仕組になっている。母国の送り出し機関から日
本の管理団体を通して，工場や農業などの受け入れ企業で働くことになる。その
ような仕組みを監督する権限をもつ外国人技能実習機構が設置され，現地の悪質
な送り出し機関を取り締まったり，受け入れ企業の監視を行うことになってい
る。しかし，現実には年間7千人が行方不明になっているなど，公正な管理・監

督が行われているとは言い難い状況にある。そのような実態が，米国国務省『人身取引年次報告書』などで「人身取引」であると批判され続けている。

　2019年改正入管法の施行以降もこの実習制度は廃止されないまま，「特定技能」についてもその受け入れは国の管理ではなく，民間に委ねられることになっている。このような国の姿勢は，「移民政策ではない」という言葉にも表れている。なぜ政府は技能実習制度を廃止しないまま，入管法改正を行ったのだろうか。安価な労働力として外国人労働者を位置づけ，日本と送り出し国の政策，日本の管理団体，送り出し国の仲介会社の事業展開の広がりなどのさまざまな側面が関連しあいながら，両国間の移住インフラが構築されてきた（巣内，2019）。この構造こそが，借金漬けで追い詰められる技能実習生を生み出している。

　韓国の移民支援団体のリーダーは，外国人労働者の問題は自分たちにつながる問題であるとして，「志のあるところに道がある」と彼らとともに闘っていた。ヘイトスピーチなどへの人種差別撤廃委員会の日本審査の結果を受けて，反差別国際運動（IMADR）のメンバーは，「人種差別は許さない」という明確なメッセージを政治が示すことの重要性を指摘している。そのメッセージを私たち一人ひとりが共有し，声を出し，行動に移したい。

移民問題と多文化福祉コミュニティ

【朝倉美江】

はじめに

『わたしもじだいのいちぶです』（庚ら，2019）という本がある。この表題に
なった文章のなかの「わたし」は，徐類順さんという，川崎市の桜本にある
「ふれあい館」で開催されてきた識字学級に通っていたハルモニ[*1]である。
しかし，この「わたしも」は，彼女の言葉であると同時に，同じ時代，同じ
地域で生活してきた人々，なかでも過酷な環境のなかで生き続けてきた人々
につながる言葉でもある。さらに，この「も」のなかには，地域から排除さ
れ続けてきたハルモニたちの，自分たちもこの地域，この時代をつくってき
たひとりであるという思いも込められており，私たちに彼女たちの存在を伝
えてくれている。

　2018年は，ブラジル移民110周年であった。日本は明治時代以降，ブラジ
ルなどに多くの移民を送り出す政策を推進してきた。第二次世界大戦の敗戦
後も，多くの日本人が生活困難ななか日本からブラジルなどに移住した。そ
のなかの移住女性のひとりは，「この太陽の国ブラジルの大地に体当たりで
生きてきた命。今この命をこの地に埋めても悔いはない」と記している。彼
女は「人種差別の少ない，包容力のあるブラジルであった」からこそ，移住
生活での過酷な労働と言葉の問題などもある厳しい環境にも耐えられた（日
下野，2007）という。

＊1　朝鮮語でおばあさんのこと。

　歴史を越え，そして世界中で，国境を越える移住という選択を多くの人々が行ってきた。その選択の背景には，それぞれの国の政治・経済の影響などマクロな側面があると同時に，仲介機関，移住ネットワークの存在などメゾの側面，家族や自分の決断というミクロな側面が関わりあって，実現している。上記のハルモニやブラジルの移住女性も，戦争や経済格差・貧困の影響を受けている。さらに近年のグローバル化によって，移民はより増加しつつある。私たちにとってもトランスナショナルな移住は身近になり，私たち自身さらに生活の場でもあるコミュニティも，その影響を強く受けつつある。

　本章では，移民問題のなかでも「外国人労働者問題」に焦点を当て，第1節では，日本の「外国人労働者」の位置づけと，最近の入管政策の動向，韓国の移民政策について紹介する。そのうえで，第2節では，移民が抱える生活問題の特徴と社会的排除の問題について，日系ブラジル人の問題を中心に論じる。第3節では，移民問題と地域福祉との関係を，地域福祉の歴史とコミュニティワークに焦点を当てて論じていく。そして第4節では，グローバル化と多文化福祉コミュニティについて，グローバル化と地域福祉，多文化介護，地域共生社会との関連を踏まえて論じていく。

第 1 節　「外国人労働者問題」と移民政策

┃1.「外国人労働者」と「入管法」改正

　「外国人」とは，当該国の国籍をもたない人を表す言葉であるが，国際的には「通常の居住地以外の国に移動し，少なくとも12カ月間当該国に居住する人のこと」(United Nations, 1998) を移民と称している。日本ではこの定義に該当する移民は近年増加傾向にあり，人口の2.24％を占める約2,829,416人（2019年6月）の在留外国人が暮らしている。そのなかで「外国人労働者」は約146万人（2018年）となり，ここ数年過去最多記録を更新し続けて

いる。日本は移民の受け入れを是認していないが，「外国人労働者」の滞在の長期化に伴い，事実上移民を受け入れているに等しい状況にある。

　さらに，言うまでもなく移民は近年誕生したものではなく，産業化の開始時点から存在していた。明治元年にハワイ王国へ移住した「元年者」をはじめ，日本には，満州（現中国東北部），東南アジア，北米，中南米などへ多くの移民を送り出し続けてきた歴史がある。なかでも，最も多く人の移動を引き起こす要因は戦争であると言われているが，日本によるアジア地域の植民地化によって生まれた多くの在日朝鮮人の存在は，大きな課題を抱えたまま残されている。また，アイヌなどの先住民*2や，かつて琉球王国であった沖縄の沖縄人（秋山，1996，p. 195）の問題などもあり，移民問題は今日的な課題であると同時に歴史的な課題でもある。つまり，歴史的にもコミュニティは多文化的な側面をもっており，グローバル化によって多文化化がより進展してきたということである。

　日本では，敗戦後1951年に出入国管理法が制定され，外国人の入国は「在留資格」によって管理されている。在留資格は現在29種類に分類されているが，大きく分けると「活動に基づく資格」と「身分・地位に基づく資格」がある（巻末の「資料1：在留資格について」参照）。そのなかで，主に「単純労働」を期待されている「外国人労働者」の在留資格は，身分に基づく在留資格である「定住者」，もしくは国際貢献という名目によって認められている「外国人技能実習制度」による「技能実習」が大部分を占め，「留学生」や「非正規滞在」の「外国人労働者」も一定数存在している。したがって，日本は好むと好まざるとにかかわらず，すでに「移民社会」になっている。

　しかし，政府は一貫して，移民政策はとらないと主張し続けている。そのようななか，人口減少と労働力不足の深刻化を背景に，2018年12月8日「出入国管理・難民認定法（入管法）」が改正された。この改正では，一定の知

---

*2　2008年6月6日に衆参両院は「アイヌ民族を先住民族とすることを求める決議」を採択し，2014年6月にはアイヌ民族博物館などを含む「民族共生象徴空間」の設置が閣議決定され，2020年にオープンされる予定である。しかし，現実にはいまだアイヌの人のたちの貧困や差別の問題は続いている（2017年1月19日『毎日新聞』朝刊）。

識や経験が必要で家族を帯同できない「特定技能1号」（通算5年まで）と，より熟練した技能が必要で家族の帯同を認める「特定技能2号」（在留期間更新可）という，新たな在留資格が設けられた。

今回の改正によって創設された在留資格は，第1章で紹介されている韓国の雇用許可制と共通する課題を抱えている。雇用許可制も，「特定技能1号，2号」も，雇用者に外国人労働者を雇うことができる権利を付与したものであり，外国人労働者の人権を擁護する制度とはなっていない。とはいえ，韓国は，雇用許可制の成立と同時に日本の外国人研修技能実習制度をモデルとしてつくられ，「現代の奴隷制度」とも評されていた研修就業制度を廃止している。日本では，今回の入管法改正をめぐる国会審議のなかで，外国人技能実習生の調査で，「全体の67％が最低賃金以下で働かされていた」「2010年からの8年間で死者が171人」（2019年3月29日『毎日新聞』朝刊）などの実態が明らかにされた。このような実態の解決が議論されないまま，「特定技能1号，2号」が新設されたことは大きな問題であり，早急に解決されなければならない。

今回の入管法改正によって，政府は介護や建設など14業種で，「外国人労働者」を今後5年間で「最大34万5,150人」受け入れることを見込んでいる。この改正によって日本における「外国人労働者」は，より増加することが予測される。

▎2．韓国の移民政策と民間団体

日本政府は，「外国人労働者」受け入れ拡大の方針として，①外国人労働者が大都市圏に集中しないように必要な措置を講じること，②同じ業種内であれば転職が可能であること，業種が異なっても技能に近接性があれば転職を認める，③直接雇用が原則であるが，季節ごとに仕事量が異なる農業や漁業は派遣も認める，という概要を示している。この方針を推進するにあたって，「外国人」との共生に向けた「総合的対応策」が検討されているが，その前提として最も重要なことは，「外国人労働者」を受け入れるという視点

ではなく，「移民」として，つまり国籍，言語，文化の異なる「生活者」として受け入れることである。

　他方，日本と同じように1980年代後半から「外国人労働者」を受け入れている韓国では，「韓国における外国人支援事業は公共団体ではなく，市民団体と宗教団体によって始まったものである」(梁, 2012) と言われているように，韓国の移民政策が推進された背景には，市民団体などの民間団体の活発な支援活動がある。韓国の雇用許可制は，2010年には ILO からアジアの「先進的な移住管理システム」と評価され，2017年には世界銀行から「優れた情報アクセスにより，アジア太平洋地域の外国人労働者たちの韓国での就業機会を大幅に増加させた」と評価されている。

　韓国は1980年代まで労働者送り出し国であったが，1980年代後半からオリンピックの開催などによる経済発展を契機に，労働者受入国へと劇的に転換した。韓国の移民政策は，1991年の海外投資企業研修生制度の導入，1993年の「団体推薦型」産業技術研修生制度，2000年の研修就業制度の開始という経緯で，「外国人労働者」の雇用について，日本の研修技能実習制度をモデルに政策化されてきたのが初期の状況であった。しかし，2004年の雇用許可制実施以降，外国人労働者政策から移民政策に移行したと言われている。さらに雇用許可制実施後，2005年には移民の地方参政権が付与された。そして，2006年には外国人政策会議が設置され，2007年には在韓外国人処遇基本法が成立し，同年在外同胞の訪問就業が始まった。さらに，2008年には多文化家族支援法が制定され，2009年には社会統合プログラムが開始されるなど，急速に法整備が行われてきた。

　梁起豪は「外国人が増え始めた1990年代から中央政府の対策が存在していなかった時期にいち早く現場に乗り出し，多文化プログラムを行ってきた団体はほとんど市民団体である。たとえば移民女性人権センター，外国人労働者支援センター，多文化学校，移住民女性相談所などがあり，これらの役割が高い比重を占めている。全国的にすでに知られている多文化政策を支援する市民団体だけでも350に上り，実際はこれを遥かに上回るものと推算されている」(梁, 2012) と述べている。

　韓国で移民支援を行う民間団体が誕生した背景には，1980年代後半以降，民主的労働運動などが組織化されたことがある。そして，労働組合運動の優先課題は，市民権の再定義を要求し，その要求を政治的民主化に結びつけることであり（鄭，2008），そのような労働組合や市民運動団体は，民主化運動のなかで移民の支援に積極的に取り組み，現在に至っている。

　日本でも「外国人労働者」への支援は，日本語教育のボランティア，NPO，コミュニティ・ユニオンなどが中心に行ってきた。しかし，社会福祉の現場では，まだ移民問題への関心が薄いという現実がある。三本松政之は，「派遣・業務請負業者，役所，病院などの通訳，課題を抱えた外国籍移住生活者やその家族たちとの日々の出会いのなかでかかわりをもった人々が，手探りしながら入手し蓄積した情報や経験をもとに支援を行っている」（三本松，2012，p. 187）と指摘している。石河久美子も「社会福祉専門職がこれらの外国人ケースに関わっていることはきわめて少なく，日本語教育支援者，外国人支援ボランティア，通訳などがソーシャルワーク的支援を肩代わりしている場合が多い」（石河，2018，p. 5）と厳しく論じている。

第 2 節　移民と社会的排除

▌1. 定住者の実態と社会的排除

　前節で紹介した2018年の入管法の改正によって，「外国人労働者」の受け入れは大きく拡大することが期待されている。しかし，先述のとおり「外国人労働者」の受け入れはすでに行われており，その多くが「外国人技能実習生」と「定住者」である。「定住者」とは，1989年の「出入国管理及び難民認定法」改正によって，日系人（3世まで）等に付与された就労制限のない在留資格である。日系人のなかでは，特に多くの日系ブラジル人が "デカセギ" として来日してきた。

　その背景には，グローバル化とともに日本の人口減少などによる労働力不足，明治期からの日本の移住推進政策，ブラジルのハイパーインフレーションなどがあった。なかでも，日本の製造業における「単純労働力不足」は深刻であった。しかし，当時政府は「単純労働者としての外国人は受け入れない」という方針を掲げていた。その矛盾のなかで，本改正は血統に基づく受け入れという特殊な位置づけであった。彼らはブラジルから工場労働者として派遣会社等を経由し，渡航費などを借金して来日するという，「市場媒介型移住システム」(樋口，2005) によって移住することとなった。移民＝生活者としてではなく「労働者」として位置づけられたことにより，彼らが抱えさせられた生活・労働問題は「外国人労働者問題」として顕在化したのである。

　「定住者」という在留資格が認められた日系人とは日本にルーツをもつ「外国人」である。彼らの多くは派遣社員という非正規雇用労働者であり，地域の人間関係，社会関係，さらには医療，福祉，住宅，教育など，社会保障・社会サービスからも排除された存在である。1980年代後半から急増した日系ブラジル人たちはデカセギ労働者として位置づけられてきたが，結果として長期滞在となり，実質的な移民となっている。

　日系ブラジル人のデカセギについて理解するためには，その家族たちがトランスナショナルな存在であることを認識する必要がある。家族のなかで誰がブラジル（母国）に残り，誰が日本（受入国）に行くのか。単身で行くとしても，その後家族を呼び寄せる場合もあり，日本で新しい家族ができる場合もある。祖父母世代が母国にいるのか，呼び寄せるのかによっても，家族と母国との関係は異なる。このように，日本とブラジルという国境をまたいだ家族（図2-1）の関係を理解することが必要である。トランスナショナルな移民家族は，家族が国境をまたいだ関係となり，さらに雇用等の不安定性によってその生活はより不安定化し，「不安定定住」の状態となる。

　「不安定定住」とは，「不安定就労（非正規雇用）であることによって居住も不安定であり，そのことがコミュニティでの人間関係も不安定化させている。さらに移民は，国境を越えて移動することから二国間の家族のあり方や

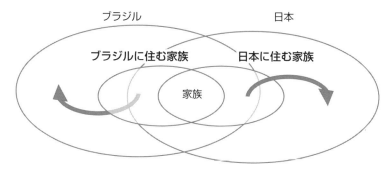

図2-1　トランスナショナルな移住家族の概念図（朝倉，2017，p.28）

地域の生活文化を含むアイデンティティに関わる生活・人生のあり方を問う
ような，より深刻な不安定さを抱えている」（朝倉，2017，p.5）。具体的には
有期雇用で，低所得であり，社会保障制度（医療・雇用・年金・介護など）
からも排除され，相談や情報提供も不十分であり，コミュニティの社会参
加，政治参加からも排除された存在となっている。

　日系ブラジル人の雇用環境は入国当初から不安定であったが，その不安定
性を顕在化させたのは，世界金融恐慌を引き起こしたリーマンショックで
あった。2008年秋は，リーマンショックによる雇用環境の悪化のもと，多く
の労働者が派遣切りに遭い，その年末には「派遣村」[*3]による緊急支援が行
われた。派遣切りに遭ったのは，当時急増していた非正規労働者たちであっ
たが，そのなかで，最も早く派遣切りの被害に遭ったのは日系人など「外国
人労働者」であった。失業した日系人に対し2009年に日本政府は帰国費用1
人30万円，扶養家族1人20万円という「日系人離職者に対する帰国支援事
業」を実施した。この事業の支援金を2010年3月までに20,649人が利用し
た。このような結果について，濱田国佑は「『リーマンショック』の影響を
受けて失業したブラジル人たちを，日本政府は『好ましくない』外国人と見
なし，厄介払いが行われたといわざるを得ない」（濱田，2013，p.167）と指摘

─────────

＊3　自立サポートセンターもやい，全国コミュニティ・ユニオン連合会などが，2008年
　　末から行った炊き出しや相談支援活動。各地に広がり，家も仕事も無くした人々の大
　　きな支えになった（宇都宮・湯浅，2009）。

している。

　このような不安定な雇用環境を改善しないまま，2018年7月から在留資格「特定活動」に日系4世が追加され，日本で就労できるようになった。しかし，2018年11月にはシャープの亀山工場（三重県）で働いていた日系外国人労働者のうち1,000人が，集中的に雇い止めにされていた。日系外国人を支援するユニオンみえの書記次長は「立場の弱い外国人を使い捨てている」(2018年11月30日『毎日新聞』夕刊) と批判している。このような劣悪な雇用環境をそのままにして，外国人労働者の受け入れ拡大が推進されていることは，大きな問題である。

▌2．社会的排除と移民

　2019年4月から施行された改正入管法は，「特定技能1号」には家族帯同を認めないとしている。そしてこの点が，政府が移民政策はとらないという主張を担保することになっている。鳥居一平は，「『家族帯同は認めない』という部分が変わらなければ，これからの社会はつくっていけません。移住連（移住労働者と連帯する全国ネットワーク）としては，この当然だけれど軽視されがちな部分を主張していく必要がある」(鳥居，2018，p. 9) という。人間が人間として生きていく，生活していくということは，当然家族をつくること，家族が存在することであり，先述のとおり移民の家族はトランスナショナルな家族であることを理解し，支援することが求められる。

　家族帯同を認めていない外国人技能実習生への支援を行っているコミュニティ・ユニオンのひとつ，岐阜一般労働組合では，2015年に「NPO法人労働相談.com」を創設し，外国人実習生のシェルターを運営している。シェルターでは，常時15人前後の「外国人」が暮らしている。賃金の未払いや長時間労働，職場のパワハラ，労働災害などで支援を求めてきている。最近では，うつなどの症状を訴える相談が増えているという。

　先述の三重県のシャープの事例や，2017年には介護施設で16時間労働など過酷な勤務を強いられたとして，大阪地裁に集団訴訟を起こしたという事例

もある。この裁判では「いつの間にか借金を負わされ，『返済できなければ休むな』と言われたこともある」(2017年2月3日『毎日新聞』夕刊) と原告は訴えていた。このような深刻な人権侵害を放置したままで，「外国人労働者」の受け入れ拡大を推進することは許されない。移民政策ではないこと，家族帯同を認めないことは，「外国人労働者」が人間として当然の生活をする権利を認めないことにつながる。

　このように「外国人労働者」を移民ではないとする背景には，エスノ・ナショナリズムがある。エスノ・ナショナリズムとは，共通の民族的出自をもつ人々による国民国家を志向するナショナリズムの型であり，出自よりも共通の価値観と平等な市民権に基づく紐帯を強調する市民的ナショナリズムと対比される。この国が「日本人（＝日本民族）」によって成り立つ（べき）との見方に，エスノ・ナショナリズムが反映されている (柏崎. 2018. p. 18)。

　そのような移民への差別をそのままに，人口減少が急速に進み，地方の労働力不足が深刻化するなかで，「単純労働者としての外国人は受け入れない」という政府の方針は変更されることになった。2018年6月15日の経済財政運営の「骨太の方針」では，「少子高齢化の克服による持続的な成長経路の実現」として，少子化や人手不足に対応するため外国人労働者の受け入れを拡大することが提起された。その方針に沿って改正された入管法によって，新たに受け入れられるのは「一定の専門性・技能を有する外国人材」とされている。韓国でも2014年から，より優秀な労働者が就労しやすくするために職務能力検定化による選択ポイント制度が導入されている。いずれも市民としてではなく，「人材」としての受け入れを重視したものである。今回受け入れ対象となった分野以外でも多くの職場で労働力不足が深刻化しているなか，労働者の「労働力」だけを切り取って活用することが期待されている。

第 **3** 節　移民問題と地域福祉

▌ 1．セツルメントと移民

　外国人労働者の支援の多くは，NPO やコミュニティ・ユニオンなどの民間団体によって担われている。民間団体の活動・事業は，地域福祉の基盤となるものである。地域福祉とは，住民が抱える多様な地域生活課題を，制度・政策による事業とともに自発的な事業・活動によって改善・解決し，誰もが人権を尊重され，幸せに生活できる地域を創造するプロセスである。松端克文は地域福祉の機能を，地域住民の主体的な活動，地域づくりや専門職とのネットワークなどの「つながりをつくる」ことと，生活問題の改善・解決を図る「くらしをまもる」ことであると論じている（松端，2018，p. 19）。そしてその中核には，住民主体の原則がある。

　地域福祉の源流は，イギリスで19世紀初頭から始まった共同体的な仕組みを基盤とした地域の貧困世帯への友愛訪問活動であり，その先駆は1820年代にグラスゴーのセント・ジョン教区で行われた友愛訪問である。「劣等処遇」を基本とする新救貧法（1834年）のもと，1869年に地域福祉活動の先駆として慈善組織協会（COS: Charity Organization Society）がロンドンで組織された。その後，1884年に設立されたトインビーホールでセツルメント運動が始まり，制度改革の推進を担ってきた。このセツルメントは，COS が貧民を道徳的観点から援助していることを批判的にとらえ，社会改良を目指す運動として展開してきた。現在も「地域社会の貧困の原因となる課題とその影響に取り組む」として，トインビーホールの課題は貧困であることが紹介されている（トインビーホール HP より）。

　トインビーホールのあるイースト・エンドという地域は，1950年代中頃から主にバングラデシュからの移住者が増え，インド，パキスタンなどを含む

アジア系移民が多く，貧困とともに文化的多様性も特徴的な地域である。2005年に「『芸術と福祉』国際会議」が岡山県倉敷市で開催された際，トインビーホールでは貧困問題を解決するために移民社会における活動を重視していることが紹介され，イスラム教信者を多く含むバングラデシュ移民への支援が，困難ななかで継続されていることが報告されていた。

　セツルメント運動は，アメリカでもジェーン・アダムズ（Jane Addams）によって展開され，制度改革の推進役を担った。ジェーン・アダムズのセツルメント運動の拠点であったハル・ハウスの特徴は，「移民の救済に力を入れたという点」であった。「アメリカ市民としてアイデンティティをもちえないイタリア系，ポーランド系，ギリシャ系，アイルランド系，ロシア系などの移民をアメリカに同化させることなく救済するという視点をもった点は今日でも高い評価を受けている」（木原，1998，pp. 37-38）という。そのような運動が，後述するコミュニティ・オーガニゼーションの理論化につながった。そしてコミュニティ・オーガニゼーションは，世界恐慌時にルーズベルト大統領によって行われたニューディール政策のなかで，固有の技術として確立してきた。

　日本では敗戦後 GHQ の指導による公私分離の原則に基づいて社会福祉協議会（以下，社協）が創設され，上記のような欧米の地域福祉が，社協によって推進されることになった。社協は，住民の生活問題の解決方法であるコミュニティ・オーガニゼーションによって貧困問題などを「住民主体原則」のもと解決し，「運動体社協」と称されてきた。具体的には敗戦後の劣悪な環境のもとでの保健衛生の改善，さらに1950年代半ばからは共働き世帯の乳児保育や長時間保育，留守家庭児童の問題，障がいのある子どもたちの生活，独居高齢者の問題など，地域の住民が抱える課題を解決するために話し合い，共同保育，学童保育などを要求し，独居高齢者の組織化を行うなど住民の共同活動・事業を推進してきた。

　地域福祉は，こんにち社会保障制度改革の推進のなかでその政策化が進んでいるが，その本質は欧米の地域福祉の源流にあるとおり貧困問題を解決するために社会改良を目指した社会運動である。歴史的にも移民は貧困問題を

抱えやすく，グローバル化の進展するこんにちの地域福祉において，地域の
なかでも最も深刻な問題の一つである移民問題の解決を目指す運動的機能が
求められている。

▌2．地域福祉とコミュニティワーク

　地域福祉の歴史の源流にはセツルメント運動があったが，こんにち地域福
祉援助のなかで，ソーシャルアクション（SA）が注目されつつある。SA
とは，「個人や家族，地域社会の未解決のニーズの充足や解決を求めて関係
者を組織し，関連する立法・行政機関その他に対して制度運営の改善や改
革，新制度の創設，社会資源の開発などを求めて圧力行動を展開すること」
（庄司ら，1999，p. 660）と定義されている。そして，このSAはコミュニティ
ワークの構成要素としてとらえられ，他方，当事者の立場や利害を代弁する
アドボケーション（アドボカシー）と重なりあう。

　コミュニティワークとは地域福祉の援助方法であり，広義では「地域社会
を変革することに向けた意図的な働きかけ」（濱野，1996，p. 16）と定義され
ている。具体的には，地域社会において発生する多様な生活問題を，地域社
会が内包する相互扶助機能などを再生，構築するプロセスのなかで改善・解
決しようとする地域福祉援助の方法である。地域社会で発生する多様な生活
問題は，歴史的・社会的な構造のなかで発生するが，具体的には貧困問題，
子どもの虐待問題，高齢者の介護問題，ひきこもりや精神障がい者の問題，
障がい者差別の問題などとして個別に顕在化している。それらの個別の生活
問題を解決するために，その問題を発生させている地域社会にアプローチす
るという援助方法が，コミュニティワークである。

　コミュニティワークの理論の基盤となっているのは，コミュニティ・オー
ガニゼーションである。M. G. ロス（Murray G. Ross）は「コミュニティ・
オーガニゼーションとは，コミュニティが，そのニードあるいは目標，およ
び，これらのニードあるいは目標の序列を確認し，これらのニードの充足あ
るいは目標の達成を実現しようとする確信あるいは意志を発展させ，内外に

これらのニードの充足あるいは目標の達成に必要な資源を見出し，それらにかかわる行動を引き起こし，これによりコミュニティにおける協力的（co-operative）・協働的（collaborative）な態度と実践とを進展させる過程を意味する」（山口，2010，p. 17）と定義している。そしてこの方法のひとつに，SA アプローチを位置づけている。このアプローチは「社会的公正や民主主義により資源の確保や処遇の改善をより大きなコミュニティに対して行うものであり，多くの場合，社会的に不利な立場におかれている人々の集団を組織化することにより進められる」（山口，2010，p. 30）ものである。

　SA には，消費者団体，環境保護団体，フェミニスト活動グループ，ゲイ・レズビアン・グループ，公民権運動，ブラック・パワー・グループ，労働組合，ラディカルな政治運動のグループによる実践があった。高森敬久は，コミュニティワークのなかでも SA が重要な機能をもっているとし，「コミュニティワークに SA の機能がなければ，コミュニティワーカーは，一方的に既存の制度，地域環境，地域権力構造への適応や地域的な相互扶助のみを住民に押しつける結果に陥り，コミュニティワーク本来の機能とされている住民主体の住民参加活動と地域組織化活動をすすめることはできない」（高森，1996，p. 207）と指摘している。

　この指摘は，こんにち社会保障制度改革のもとで提起された「誰もがささえ合う地域の構築に向けた福祉サービスの実現」（2015年 9 月）のなかで，新しい地域包括支援体制が「住民に身近な圏域」での「我が事・丸ごと」として推進されているなかで，きわめて重要なものである。我が事となる「個別」の問題を「丸ごと」解決するためには，個人に焦点を当てるのではなく，個人が生活している地域に焦点を当てることが必要不可欠である。一人ひとりの個別の生活問題を丸ごととらえるということは，生活問題を地域課題としてとらえることにほかならない。そのような問題把握に基づけば，その解決は，市場主義のもと自己責任を強調する「自助」ではなく，「自治」による地域の活動・事業の実施によってコミュニティを変革することにつながる。つまり，個人の生活問題は，消費者問題，環境問題と同様，社会問題として地域で解決することを目指さなければ，問題の本質に迫ることはでき

ない。

3．移民問題と地域福祉

　こんにち地域福祉は，コミュニティワークもしくは，地域を基盤とした
ソーシャルワーク＝コミュニティソーシャルワークとして展開されている。
その特徴は，地域支援であるとともに，個別支援を行う場合にも個別支援と
地域支援を一体的かつ連続的に展開することである。右田紀久恵は，「『地域
福祉』はあらたな質の地域社会を形成していく内発性を基本要件とするとこ
ろに『地域の福祉』との差がある。この内発性は，個レベル（個々の住民）
と，その総体としての地域社会レベル（the community）の両者をふくみ，こ
の両者を主体として認識するところに地域福祉の固有性がある」と論じてい
る。さらに人間を主体的にその本来的な生活を営もうとする存在として認識
すること，したがって地域福祉は自治性を基底要件とする（右田，2005，pp.
17-18）と主張している。

　以上のように地域福祉は，住民と地域社会を主体として認識し，さらに自
治性を基底要件とすることからも，地域福祉の問題解決方法においては「外
国人労働者」を移民として，つまり生活主体としてとらえることが何より重
要である。さらに，「外国人労働者」の問題も地域で発生し，その問題を解
決しつつあるのは先述のとおり日本語ボランティアや通訳，移民支援の
NPO団体など民間団体である。民間団体の役割は地域福祉のなかでは，そ
の核となるものである。

　そのような支援の歴史のなかでも，オールドタイマーである在日朝鮮人の
人々の差別や貧困問題への支援が，地道に行われてきた。敗戦後「外国人」
とみなされ多くの困難を抱えさせられたが，なかでも社会保障制度の国籍条
項による無保険・無年金問題は深刻であった。1982年にようやく国籍条項が
撤廃されたが，在日朝鮮人高齢者は25年（2017年8月から10年に短縮され
た）の年金掛け金納付期間に達しない人が多く，国民年金制度から排除され
ている。また，国民健康保険加入が一律に認められるようになったのは1986

年からである。それまでは，病院に行くことも困難で，病気が悪化したり，障がいが残ってしまったりという厳しい環境にあった。在日朝鮮人高齢者が多く暮らしている川崎市では，在日1世たちが怒りの声を上げ，その声を支援する人たちとともに救済制度を求める活動に取り組んだ。その活動のなかで，「川崎市外国人高齢者福祉手当」が実現し（三浦，2019），他の自治体でも，年金の半分以下ではあるが支給制度を創設し，国に改正を要望している。

　しかし，今もなお，在日朝鮮人の無年金問題は深刻であり，国の制度改善が必要不可欠である。そのためにも，「外国人労働者」など国籍の異なる人々を生活者である移民と位置づける統合政策が必要不可欠となる。国の統合政策がないなか，自治体レベルでは「外国人集住都市会議」（2001年）が，オールドタイマー支援の先進的な取り組み（神奈川，大阪など）を背景に，国への「外国人支援：統合化政策」を要望してきた。外国人集住都市のボランティアや当事者組織，NPO も積極的に声を上げつつある。そのような取り組みのなかから多言語による相談・通訳や情報提供，学習支援（不就学への対応など），就労支援などが行われるようになってきた。

　それらの動向を踏まえ，2006年に総務省は，各都道府県・政令自治体に対して「地域における多文化共生推進プラン」を策定するように通知を出している。2018年4月時点で，全自治体の約46％が策定している。さらに，2019年4月の改正入管法の施行を目前に，2018年12月に「基本方針」が示された。そのなかで，外国人の生活相談に応じる一元的窓口「多文化共生総合相談ワンストップセンター」の約100カ所への設置や，日本語教育の全国展開などが示された。しかし，2019年3月時点で窓口設置に応じたのは37自治体にとどまっている。これらの施策を適切に実施するための予算措置が不十分であり，担える専門職の不足もあり，自治体がどこまで対応できるのかが懸念されている。

第 4 節　グローバル化と多文化福祉コミュニティ

▌1．グローバル化と多文化共生地域福祉

　私たちのコミュニティは，多様な国籍，文化，言語をもつ人々とともに，新しいコミュニティをつくることを求められている。地域福祉の主体に移民など多様性を明確に位置づけ，他方で日常生活圏域としてのコミュニティとともにトランスナショナルな移住生活を支えられる，グローバルなコミュニティを含む多元的なコミュニティを位置づける（朝倉，2017，pp. 210-212）ことが不可欠である。

　私たちの生活の場であるコミュニティは，グローバル化の影響を大きく受けている。そしてグローバル化は，「国民国家」としての政治，経済，文化などのあり方を問い直すことを私たちに求めている。そもそも，福祉国家政策とは完全雇用を前提としたものであるが，日本では雇用された「正社員」に対して企業は，①長期雇用の確保すなわち従業員の定着率を保つ，②従業員の仕事への意欲を高めることによって，生産性を高めることを目的として企業福祉を推進してきた（橘木，2005，p. 87）。具体的には「企業は正社員の雇用を維持し，生活を保障する。その代わりに正社員は職務，時間，場所などに制限なく企業の命令に従って働く」という関係をつくり，「そのことが逆に，この時代に先進国共通の課題であった福祉国家の確立という目標を二次的なものとしていった」（濱口，2013，p. 5）。つまり，生活保障の多くについて労働組合員である正社員は，企業に要求するという関係がつくられており，そのことが社会保障制度の発展を阻んでいたともいえる。

　そのようななかでのグローバル化の進展は，私たちの生活基盤自体を揺るがし，人々がバラバラになり，生活を不安定化させ，貧困を拡大させている。貧困は脆弱な人々により広がっているが，なかでも「外国人労働者」に

最も大きな影響を与えている。日本の貧困率は，15.6％（2017年）であり，他の先進国に比べかなり高いこと，さらに1980年代半ば以降コンスタントに上昇し，日本は「貧困大国」（橘木，2012，p. 4）となっている。その背景には，日本型雇用といわれていた定期一括採用と，長期雇用慣行，年功賃金が解体したことがある。現在，非正規雇用労働者は38.6％（2020年 2 月，総務省）にもなっている。このような雇用環境の急速な悪化は，1990年代からのグローバル化と新自由主義改革によって，労働市場の構造変化が急速に進んだことにある。リーマンショックの際，真っ先に派遣切りに遭ったのは「外国人労働者」であったが，その後「日本人労働者」も容赦なく切り捨てられた。

　グローバル化のもと，私たちの生活は不安定化が進み，国境を越える可能性も高くなっているが，国内でも同じコミュニティで継続して最後まで生活するのではなく，何らかの理由によって異なるコミュニティへの移動をしながら，さらには定住をしたくとも解雇もしくは転勤や結婚，もしくは老後の生活の場の移動など，多様な移動の可能性と隣り合わせの生活を営んでいる。そのうえ，近年頻発するようになった地震や集中豪雨などの大規模災害も，私たちの「流動性」を高めている。したがって，地域福祉における住民とは，定住を前提とするのではなく，流動性をもつ住民を受け止め，支えられるコミュニティの形成が求められている。多文化共生地域福祉を，①民間性，②多様性，③流動性，④グローバルなコミュニティ，⑤労働という 5 つの視点から構築する（朝倉，2017，p. 240）ことが課題である。

‖ 2．超高齢社会と多文化介護

　さらに，少子高齢化が急速に進展するなかでより深刻化している人口減少は，労働力不足とともに生活や介護支援の不足として顕在化し，最終的には地域崩壊として私たちの前に現れつつある。外国人集住地域は，当初単純労働力不足として問題が顕在化し，「外国人労働者」を受け入れざるを得ない状況に追い込まれたことから形成された。また，全国的な介護・看護現場の人材不足から，インドネシアやフィリピン，ベトナムからの介護士，看護師

の受け入れも始まっている。

　介護労働に関しては，経済連携協定（EPA）の枠内での「特定活動」という在留資格による受け入れから始まった。しかし，EPA で来日した外国人の介護福祉士試験の合格率は約 5 割と，約 7 割の日本人と比べて低く，日本語能力が壁になっていると言われている。さらに，2015年には国家戦略特区に「外国人家事介護支援人材」を受け入れる改正特区法が成立し，特区に限って入管法の規制緩和を行い，家事労働者の受け入れを解禁した。2016年の「入管法」改正では，新たな在留資格として「介護」が創設された。この資格では，留学生として日本の大学等を卒業し，国指定の養成施設で 2 年以上学び，介護福祉士の国家資格を取得していることが条件とされている。

　そのような状況のもと，政府は同時に，外国人技能実習生制度*4に介護を含めた。この制度は，建設，製造，農漁業など74職種が対象となっていたが，初めて対人サービスである介護が対象となった。この外国人技能実習生制度は「現代の奴隷制度」とも称されるほど，人権侵害が深刻な状況を招いているものである。賃金の未払い，長時間労働，セクハラなど，あまりに劣悪な環境のなか，「失踪」が相次いでいることが報告されている。しかし，先述のとおり外国人技能実習生制度を廃止しないまま，「特定技能 1 号，2 号」という新たな在留資格が設けられた。政府は，介護や建設など14業種で「外国人労働者」を受け入れるとし，なかでも介護業種の受け入れが最も多く見込まれている。

　安里和晃は，「より易しい日本語要件，より易しい介護要件が検討されている。これでは特定技能が骨抜きにされる恐れがあるばかりでなく，要件を軽くすることで，受け入れた後の人材育成コストと負担が受け入れ企業や労

＊4　移住労働者と連帯する全国ネットワークでは，2016年11月に成立した「外国人の技能実習の適正な実施及び技能実習生の保護に関する法律」に対し，声明を出している（2016）。そこでは，この法律の成立によって「技能実習制度の本質的な改善は望めず，制度の建前と実態との乖離を解消することは全く困難である。まやかしの積み重ねで作られている技能実習制度は廃止して，職場移動の自由を含む労働権を十全に保障した形で，外国人労働者を正面から受入れる制度を構築すべきである」と訴えている。

働者にかかってくることになる。あるいは人材育成を放棄して『安かろう悪かろう』の雇用が介護でも進展するであろう」（安里，2019，p. 58）と警鐘を鳴らしている。そもそも介護労働力不足の根本的な原因は，その待遇の劣悪さにある。今までの外国人技能実習生の雇用環境の劣悪さの改善は言うまでもないが，現在の介護労働の環境改善を抜本的に図ることが，緊急の課題である。介護労働環境と介護の専門性が担保されない現状のなかでは，介護の専門性や待遇の低下を招く可能性が大きい。

　また，グローバル化のもとで求められる介護について，川村千鶴子は「異文化間介護」を，「民族や国籍の垣根を超えて，異なる文化の狭間で営まれる介護」と定義している。この定義には，多文化社会の思想を，介護という今日的な課題を解決するプロセスのなかで生じる「異文化間トレランス（寛容性）」の育成と相互理解の深化から，「トランスカルチャリズムの醸成を学ぶ姿勢をもつべきであり，外国人政策の基盤としていくべき」（川村，2007，pp. 42-43）だという考え方が含まれている。

　外国人介護者の導入は，グローバル化のなかで展開され，私たちの生活のなかにもグローバル化の影響が浸透していくことになる。そこでは介護する，介護されるという相互関係のなかに，異なる言語や文化，宗教などが組み込まれ，私たちの生活やコミュニティが多様性を受け入れざるを得ない状況がつくられる。そこには葛藤も生じるが，そのなかから新しい価値観や生き方が生まれる可能性がある。介護が多文化を尊重したものとなるためにも，地域包括ケアシステムのなかに異文化を支えるという視点と方法，さらに多文化介護を担える多文化介護士などの専門性をもった人材が必要不可欠である。

　以上のように移民の定住化，高齢化が進むなか，移民の人権を尊重し，その生活を支えるためには，コミュニティを基盤とした乳幼児期，学童期，青年期，壮年期，老年期というライフサイクルに添った体系的な「多文化生活支援システム」を，早急に構築することが求められる。

3. 地域共生社会と多文化福祉コミュニティ

　こんにち，地域福祉の政策化が推進され，2015年には厚生労働省から「新福祉ビジョン」として，全世代全対象型の地域包括支援体制の整備が提起され，2016年には「ニッポン一億総活躍プラン」で地域共生社会が提起され，制度・分野の枠や，「支える側」「支えられる側」という従来の関係を超えて，人と人，人と社会とがつながり，一人ひとりが生きがいや役割を持ち，助け合いながら暮らしていくことのできる，包摂的なコミュニティ，地域や社会を創るという考え方（地域共生社会推進検討会「最終とりまとめ」2019年12月26日）と示されている。

　地域福祉の政策化，さらに地域共生社会への期待の背景には，人口減少・超高齢化への危機感と，家族の縮小・単身化の進展，孤立死や子ども・高齢者等への虐待など，社会的孤立・排除の深刻化が看過できない状況にまで至ってきたということがある。そのようななか，人口減少・労働力不足を補う政策として入管法が改正され，「外国人材」の受け入れが拡大しつつある。さらに，この「外国人材」の受け入れのなかでも最も期待されているのは，2025年には30万人以上不足するという「介護人材」である。2018年4月には「介護福祉士養成の専門学校や大学に入学した外国人留学生は1,142人，日本人を含む入学者は6,856人となり，6人に1人が外国人という状況にある」（2018年9月18日『日本経済新聞』朝刊）と報告されている。地域共生社会のなかに介護を担う「外国人材」を含めるとするならば，彼らを労働者＝人材として位置づけるのではなく，生活者であり，「暮らしをともに創っていく」ひとりとして位置づけられるかが，重要な課題となる。

　2018年に改正された社会福祉法では，「地域住民等は，地域福祉の推進に当たっては，福祉サービスを必要とする地域住民及びその世帯が抱える福祉，介護，介護予防，保健医療，住まい，就労及び教育に関する課題，福祉サービスを必要とする地域住民の地域社会からの孤立やその他の福祉サービスを必要とする地域住民が日常生活を営み，あらゆる分野の活動に参加する

機会が確保される上での各般の課題を把握し，地域生活課題の解決に資する
支援を行う関係機関との連携等によりその解決を図るよう特に留意するもの
とする」（第4条2）と定めている。

　ここで示されている住民に，移民が明確に位置づけられているのだろう
か。社会保障制度は内外人平等原則になっており，介護保険制度の利用も国
籍は問われない。しかし，中国帰国者2世の木下貴雄（王榮）は外国人高齢
者には5つの壁があるいう。①コミュニケーションの壁，②識字の壁，③食
の壁，④文化の壁，⑤心の壁（差別）である。なかでも，年をとると母国語
しか話せなくなる人が多くなり，認知症になると特にその傾向が出てくる
（木下，2019，p. 8）ことからも，言葉の問題が重要である。それとともに，
「日本人と同じものを使えるから差別をしていない」という姿勢は，介護保
険は住民であれば移民であっても当然利用できるとはいえ，日本人と同じ介
護サービスが地域にあったとしても，そのサービスが言葉や文化を尊重しな
いものであれば移民には利用できない，または利用したとしても快適ではな
い。

　先述の「多文化共生総合相談ワンストップセンター」と，改正社会福祉法
第106条の3で示された「包括的な支援体制の整備」との連携は，どのよう
に行われるのだろうか。「地域共生社会」の実現に向けた地域づくりの強化
のための取り組みの推進（厚生労働省，2017）のなかでは，総合的な相談支援
体制機関のなかに，雇用・就労関係，高齢関係，住まい関係，教育関係，保
健関係，障害関係，医療関係，家計支援関係，児童関係，司法関係，自殺対
策関係と並んで，多文化共生関係が位置づけられている。しかし，多文化共
生をこの包括的な支援体制に位置づけるのであれば，韓国の多文化家族支援
センターなどに配置されている日本語教育，通訳・翻訳，さらに文化的な相
互理解のための教育，人権擁護の支援，さらにその支援の基盤には「異文化
間トレランス」など，多様性を尊重する価値観・方法の醸成が求められる。

　地域共生社会を実現するためには，異なる言語や文化を尊重する多文化の
総括的な支援体制の整備を推進すること，同時に人権擁護の前提として，国
籍の異なる「外国人」の市民権の実質化が課題となる。三本松政之は，ポス

ト・ナショナルなコミュニティにおいて，移住生活者をデニズン（deni-zen：永住市民）ととらえ，「市民」と「外国人」との境界に移民の生活権を保障するために，デニズンシップ（denizenship：永住市民権）を実質化することの必要性を指摘している（三本松，2014，pp. 180-182）。移民の市民権を実質化するということは，言うまでもなく「外国人」を地域住民として位置づけ，彼らを排除するのではなく，共に生き，共に多文化福祉コミュニティを創造する担い手として位置づけることに他ならない。

> コラム2

望郷の鐘

● 朝倉美江 ●

『こんばんはⅡ』（森康行監督，制作：夜間中学校と教育を語る会）という映画（2018年/DVD）が全国各地で上映されている。そのなかで語られる「学ぶことは生き延びることです」「学校に行くと未来が広がる」という言葉が心に刺さる。太平洋戦争や貧困のなか，学ぶことができなかった80代の日本人女性や在日朝鮮人女性，いじめられ不登校になった日本人の若者，旧ポルポト政権下で学校に行けなかったカンボジア難民の女性，極貧のフィリピンから逃れ，さらに「管理買春」の被害に遭った女性など学ぶ機会をもてなかった多様な人々が，ようやく学ぶことができたことの喜びを伝えてくれている。そのなかで，中国残留孤児の3世だという若い女性は，夜間中学には「10代から80代までいろんな人がいて，いろんな国の人もいて，自分の気持ちを伝えたい，お互いに助け合って勉強したいと思っている。ここで学ぶなかで，視野が広がり，感動した」と笑顔で語っていた。

永住帰国した中国残留孤児とその家族は20,907人（2018年12月）であり，現在，残留孤児の93.7%が70歳を超え，高齢化が進んでいる。2014年に，長野市の善光寺近

（©現代ぷろだくしょん）

くの小さな映画館で『望郷の鐘』（現代ぷろだくしょん製作）を観た（写真参照）。中国残留孤児の肉親探しに奔走，尽力した，「中国残留孤児の父」と呼ばれた山本慈昭の波乱万丈な人生を映画化したものであった。

原作は，児童文学作家・和田登の小説『望郷の鐘　中国残留孤児の父・山本慈昭』である。この原作を元に山田火砂子が監督・脚本・製作総指揮を手がけた。原作者の和田登は，「日本が，十五年戦争とも，アジア・太平洋戦争とも呼ばれる時代をどう生きてきたか，そしてなにをそこから学ぶべきかを問うていくとき，残留孤児の問題は大きな手がかりとなりますし，また若い世代のみなさんも知らなければ前へすすめません」と述べている。1945年5月，長野県下伊那郡会地村にある長岳寺の住職で国民学校の教員も兼任していた山本慈昭は，村長たちから説得され，1年間だけという約束で教え子たちを引率し「満蒙開拓団」として満州へと渡った。しかしその3カ月後にソ連軍が侵攻を開始し，慈昭はシベリアへ連行されてしまった。約1年半の過酷な強制労働を経て，奇跡的に帰国できた慈昭は故郷へと戻るが，妻と子どもたちはすでに亡くなっていた。10数年後，中国残留孤児からの手紙をきっかけに多くの日本人孤児が中国にいることを知った慈昭は，彼らを日本に帰国させるべく奔走し，献身的に「中国残留孤児探し運動」を展開し，ついに中国残留孤児の帰国が推進されるようになった。88歳で亡くなるまでこの運動に勢力を注ぎ続けた慈昭の長岳寺の「望郷の鐘」には，下記の詩が刻まれているという。

> 想い出は　かくも悲しきものか
> 祈りをこめて　精一杯つけ
> 大陸に命をかけた　同胞(はらから)に
> この鐘を送る　疾く瞑(と)(めい)せよ
> 日中友好の手をつなぎ
> 共に誓って　悔いを踏まじ
> 大陸に命をかけた　同胞に
> 夢美しく　望郷の鐘

木下貴雄（王栄）は，高齢化が進んでいる中国帰国者について，「まさに今，

要介護のまっただ中にあるという状況です」と言う。木下は，2016年から愛知県で「外国人高齢者と介護の橋渡しプロジェクト」を立ち上げ，外国人に対しては制度の周知をし，行政，関連機関に対しても啓発活動を行っている。そして，言葉と文化に精通する外国語介護通訳が，橋渡し役として両方をつなげていく。これらの活動によって，日本人も外国人も安心して暮らせる社会というゴールを目指している。そのなかでも，「介護はすべて言葉から始まりますので，コミュニケーションの壁を取り除くためには，介護通訳が必要である」として，その養成研修に力を入れている。

　昭和，平成から新しい令和と年号が変わっても，私たちは『望郷の鐘』の原作者和田登が言うとおり，私たちの前の世代が戦争の時代をどう生きてきたのかを知らなければ，前には進めない。戦争の前にも後にも多様な国の人々と共有する歴史があり，私たちの命は，その歴史につながっている。

韓国におけるコミュニティを通じた結婚移住女性のエンパワメント

【新田さやか】

はじめに

　本章では，韓国の結婚移住女性が抱える困難と，人権意識に根差した民間団体による支援の実際を取り上げる。そして，結婚移住女性がホスト社会で主体的に生きることを目指したコミュニティ形成と，そこでの取り組みを通して，結婚移住女性のエンパワメントにおけるコミュニティの役割について考察する。

　まず，日本よりも制度面において移民政策の進展が見られる韓国においては，政府の多文化家族支援施策の充実が図られていること，しかしながら，そうした施策からはこぼれ落ちてしまう結婚移住女性の人権に関わる問題があることを述べる。次に，結婚移住女性の人権に関わる問題に対し，支援を行う民間団体の実践に，女性たちの主体性を引き出す取り組みがあったことを述べる。最後に，結婚移住女性の主体性を重視する支援から生み出されたコミュニティは，多文化主義およびフェミニズムに根差すものであり，そのようなコミュニティ形成が女性たちのエンパワメントにつながったことを論じる[*1]。

　本章および次章では，結婚移住女性のエンパワメントについて論じている。女性たちのエンパワメントとは，森田ゆりによって「エンパワメントとは，わたしたち一人ひとりが誰でも潜在的にもっているパワーや個性をふたたびいきいきと息吹かせること」「エンパワメントとはまずもって一人ひとりが自分の大切さ，かけがえのなさを信じる自己尊重から始まる」（森田，

1998, pp. 17, 40) と定義づけられるように，女性たちの自己尊重と結びついて実現可能となる。

　韓国における多文化家族支援施策，民間団体による女性主体の支援の実践を取り上げることは，日本において結婚移住女性たちの主体的な生き方を尊重するような，多文化福祉コミュニティを形成することへの視座を得られるという点で，示唆に富むものである。

第 1 節　韓国の多文化社会化
──国際結婚の現状と多文化家族支援施策について

　韓国は日本と同様，少子高齢社会という状況にある。1990年代以降，外国人労働者の流入や国際結婚の増加に伴って，外国人登録者数は2018年末において236万7,607人，国民全体に占める割合は約4.6%となっており[2]，日本と比べるとその割合は高い[3]。

　2013年6月10日の韓国の『聯合ニュース』では，「在留外国人150万人の最初の突破……多文化・多人種化加速」という見出しの記事が掲載されており，「移住労働者，結婚移民，帰化者など，韓国に滞在する外国人の数が150

＊1　本章は，新田さやか「結婚移住女性を支援する民間団体の支援の論理──不在化される女性の生きにくさへの対抗的実践として」および「移住女性を支援するフェミニストアプローチの実践──女性たちの主体的な『生』の営みを不在化させる構造的問題への対抗的実践」三本松政之研究代表『移住生活者の生活支援と移民政策における福祉課題の位置づけに関する日韓比較研究報告書』（21330141）2009年度～2013年度科研費補助金報告書を加筆・修正したものである。

＊2　http://thel.mt.co.kr/newsView.html?no=2019012109538270261（アクセス日2019年7月30日）。

＊3　日本では，2018（平成30）年12月1日時点での総人口は，1億2643万5千人である（総務省，2019）。2018（平成30）年末の在留外国人数は，中長期在留者数240万9,677人，特別永住者数は32万1,416人で，これらを合わせた在留外国人数は273万1,093人となっている（法務省，2019）。したがって日本の総人口に占める在留外国人の割合は，2.16%となる。

万人を初めて突破した。国民100人のうち3人の割合で，外国人だ」と報じられた。そして，1990年代末までは「米軍，観光客，産業研修生などの外国人は38万人」に過ぎず，韓国社会では「異邦人」として分類されていたが，「現在では国際化時代を迎え，外国人が国内総人口の3％を占めるほど急増，韓国社会は外国人と一緒に生活する多文化・多人種社会に突入した」と述べている[4]。こうした移民受け入れの背景には，「少子高齢化に伴う労働力不足は深刻な問題であり，韓国政府も人口対策の一環として外国人労働者をはじめ移民の受け入れをやむを得ない選択肢の一つとして認識している」（李，2013，p. 115）という現実的な見方がある。

図3-1は，韓国の移民に関わる法制度と外国人登録者数を現したものである。韓国では1990年代に入ると，日本の「外国人研修・技能実習制度」をモデルとして「産業研修生制度」ができた。しかしながら，劣悪な環境下で働かされるなど，外国人労働者に対する人権侵害の事例が生じたことなどによって，2003年に法律を制定し「雇用許可制度」として新たな制度が整備されることになった。

在韓外国人については，「韓国社会への統合と多文化共生のコンセンサス形成を目指す方向にむけて舵を切りはじめ」（白井，2008a，p. 135），2007年に「在韓外国人処遇基本法」[5]，2008年に「多文化家族支援法」[6]が制定され，社会統合施策が推進されている。多文化家族に対しては，「多文化家族支援法」を根拠に，「結婚移民者」[7]とその家族が韓国で安定した生活を送るこ

---

[4]　http://www.yonhapnews.co.kr/medialabs/special/multicultural/foreign.html（アクセス日2018年12月24日）。

[5]　「在韓外国人処遇基本法」の目的は，「在韓外国人に対する処遇等に関する基本的な事項を定めることにより，在韓外国人が大韓民国社会に適応して個人の能力を充分に発揮できるようにし，大韓民国の国民と在韓外国人が相互に理解し尊重する社会環境をつくり，大韓民国の発展と社会統合に貢献すること」（白井，2008a，p. 142）である。

[6]　「多文化家族支援法」の目的は，「韓国人と外国人による国際結婚により構成された『多文化家族』の構成員が，安定的な家族生活を営むことができるようにし，構成員の生活の質の向上と社会統合に貢献すること」（白井，2008b，p. 153）である。

[7]　韓国では「結婚移民者」という言葉が用いられている。

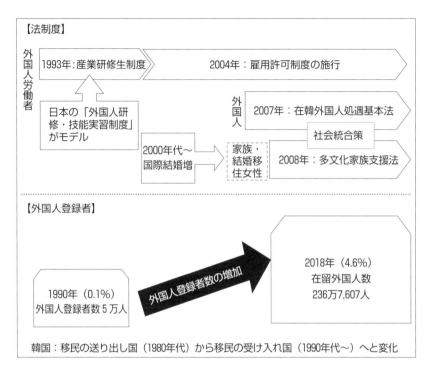

図3-1　韓国の移民に関わる法制度，外国人登録者数

とができるような支援施策の整備が進められてきた。

　同法によって「多文化家族支援センター」が設置されることとなり，2018年現在，全国226の基礎自治体に217カ所が設置・運営され[8]，「地域社会の多文化家族を対象に，韓国語教育，家族教育・相談，通訳・翻訳，子供の教育支援などの総合サービスを提供」[9]するとして，多文化家族への継続的なサポートが行われている。また，多文化家族支援センターのほかに，「タヌリコールセンター（多文化家族総合情報電話センター）」[10]が設置され，365日24時間いつでも電話相談によって「多文化家族と移住女性」を対象に，

＊8　https://www.liveinkorea.kr/portal/KOR/page/contents.do?menuSeq=211&pageSeq=42（アクセス日2018年12月24日）。

＊9　http://www.mogef.go.kr/sp/fam/sp_fam_f003.do（アクセス日2018年12月24日）。

「韓国生活情報から夫婦カウンセリング，暴力の被害など緊急救助」が必要なときにワンストップ・サービス」で提供される体制が整えられている[11]。

　自治体の取り組みにおいて，ソウル市では多文化家族の増加に伴い，2012年に多文化家族支援事業として，「みんな（多）幸福ソウルプラン」を策定している。同プランでは，「結婚移住者の自立性の向上」「多文化家庭児童への教育支援」「健全な家族関係の構築」「健全な多文化社会づくり」という4つの目標を掲げている。ソウル市は同プランを推進していくことで，多文化家族の「福祉死角地帯」を解消し，多文化家庭が地域の主体であり，新たな社会のメンバーとして自立できることを目指しており[12]，多文化家族を構成する結婚移住者の地域コミュニティへの適応，定着，自立を促進する環境整備が進められている。

第 2 節　結婚移住女性への支援と課題

　前節で取り上げた多文化家族支援センターで現在提供されている主なサービスは，①韓国語教育，②通訳・翻訳，③相談およびケース管理，④結婚移住者対象の社会適応教育・就業教育，⑤家族教育，⑥多文化家族子女の言語発達支援，⑦訪問教育（子女の生活），⑧多文化家族のバイリンガル環境づくり[13]，である。これらのサービスのうち結婚移住女性を対象としているものは，「韓国語教育」プログラムとなっている。そのほかのサービスは，多文化家族や多文化家族の子ども，多文化家族支援センターの利用者を対象

＊10　多文化家族・移住女性のための緊急支援や生活情報の提供が，13の言語でサポートされる。https://www.liveinkorea.kr/portal/KOR/page/contents.do?menuSeq=211 &pageSeq=42（アクセス日2018年12月24日）。

＊11　http://www.mogef.go.kr/sp/fam/sp_fam_f011.do（アクセス日2018年12月24日）。

＊12　http://www.sijung.co.kr/news/articleView.html?idxno=73793（アクセス日2019年7月31日）。

＊13　https://www.liveinkorea.kr/portal/JPN/page/contents.do?menuSeq=5279&page Seq=118（アクセス日2019年5月7日）。

としている。次章で取り上げるように，語学の習得は，結婚移住女性にとって生活困難や社会的孤立を解決するために必要不可欠であり，多文化家族支援センターで提供されるプログラムの受講・参加が，結婚移住女性のエンパワメントにつながっているという効果を指摘できる。

　また，多文化家族支援法の第4条第1項で，「女性家族部長官は，多文化家族の現況と実態を把握し，多文化家族支援のための政策樹立に活用するために，3年ごとに多文化家族の実態調査を実施し，その結果を公表しなければならない」と規定されているように，多文化家族を対象とする実態調査が定期的に実施され，結果が公表されている。このように，韓国社会で定住生活を送る結婚移住女性への支援施策は，整備が進み，充実しているといえる。

　しかしながら，支援施策の整備が進められる一方で，結婚移住女性の抱える困難にドメスティック・バイオレンスの問題も存在している。具体的には，文化的葛藤，言語的問題などによる家庭内暴力が増加し，深刻な場合，死亡，殺害事件まで発生するなど，移住女性に対する暴力の問題が社会問題として台頭していること，2010年の女性家族部による家庭内暴力の実態調査では，過去1年間の国際結婚移住女性の夫婦暴力発生率は69.1%（夫婦暴力被害率58.6%）であり，身体的暴力（軽い＋中間の暴力）発生率が17.3%（身体的暴力被害率13.4%）という実態が指摘されていた。

　韓国移住女性人権センターは「韓国に居住している移住女性の人権と福祉のために活動している非営利の民間団体」であり，2000年10月に設立された。同センターは「移住女性人権保護，移住女性の能力強化，移住女性関連政策の監視と代案模索，性/人種，民族/国籍の差別を超える社会での市民意識転換，連帯を通じたアジアの平和構築，移住女性のセーフティネットの構築」というミッションと，「生命の平等，平和を移住女性と一緒に」というビジョンを掲げて活動を続けている（韓国移住女性人権センター，2014）。同センターは2014年現在，6カ所の支部と5カ所のシェルターを運営しており，シェルターは暴力の被害を受けた女性たちを保護する場となっている。

　同センターのカン・ソンイ氏によると，結婚移住女性たちは，①家父長制

のなかでの女性差別，②外国人ということによる差別という「二重の差別」
を受けるリスクを抱えながら，韓国社会で生活する状況に置かれる*14。

　韓国では2012年1月から7月までの期間に，3名の移住女性が韓国人の夫
からの暴力によって死亡する事件が発生した。その詳細は「去る7月4日，
一移住女性が夫の暴力により脳死状態に陥ったが，最終的に死亡したのだ。
このことが起こる2日前，ソウル市江東区に住む移住女性も，夫が振り回し
た凶器に刺されて死亡した。中国同胞（朝鮮族）だった彼女は，流暢な韓国
語で夫の暴力を警察に何度も申告したが放置されたし，結局は死んでしまっ
た。これに先立ち3月には，ベトナム人女性が結婚して2日後に，精神疾患
者である夫によって殺害された」*15というものであった。

　この事件に対して，セヌリ党の議員で自身も移住女性であるイ・ジャスミ
ン議員は，これら結婚移住女性たちの死亡事件からみえる韓国社会の問題と
して，①事件を起こした夫が無職でアルコールに依存していたという点に触
れ，国際結婚家庭の実態として，結婚移住女性たちが経済的搾取と暴力に直
面していること，②韓国社会の中国朝鮮族の女性たちに対する偏見の表れと
して，今回の家庭内暴力で死亡した2人の女性が中国朝鮮族であり，韓国語
ができたので多文化家族支援センターなどの支援機関をほとんど利用せず
に，孤立した生活を送っていたこと，③結婚移住女性が国籍を取得するため
の政府の消極的な広報，④警察の消極的な初期対応，⑤ドメスティック・バ
イオレンスに対する周囲の人々の無関心，の5点を指摘している*15。

　第1節で述べたように，韓国では国家の主導によって，多文化家族に対す
る社会統合政策としての多文化家族政策が進められてきた。韓国人男性と結
婚した結婚移住女性に対する支援策という視点からの多文化家族政策の評価
について，韓国の移住者支援団体の見解を挙げると，「韓国移住人権セン
ター」では，「多文化家族支援センターは安定している移住女性を対象とし，
問題を抱えた女性への支援はしていない」こと，「多文化家族支援センター

＊14　2012年8月の韓国移住女性人権センターへのヒアリングによる。
＊15　http://www.crosslow.com/news/articleView.html?idxno=551（アクセス日2013年
　　　1月25日）。

は家庭を持っている女性の自立を目指す。しかし，離婚や未登録，人権侵害はカバー範囲ではない」という点が指摘された。また，「インチョン女性の電話」では，「韓国の多文化政策は国際結婚が中心。なぜかというと，韓国人の夫と結婚した女性になるが，ある視点からみると家父長的な意識が強い政策だと思う。また国家主義的なものも含まれている政策だと思う」ことが指摘された。

　2013 年 7 月『東亜日報』には，「多文化家庭も喜ばない支援センター，さらに増やすとする女性（家族）部」と題する記事が掲載され，多文化家族支援センターの課題について取り上げている。同記事には，韓国国内の一般家庭を支援する健康家庭支援センターと，多文化家族支援センターで提供されているサービスにはあまり違いがないこと，「政府が，『規模拡大式』の多文化政策を打ち出してセンター数を増やし，プログラムも新たに導入したため，『多文化家庭のみ家庭か』という不満の声が持ち上がっている」という一般国民からの不満についても紹介されている。そして，結婚移住女性からも政策への反対の声が上げられているとして，「多文化有権者連帯は，『多文化家庭を分離して支援したため，かえって多文化が差別的用語となってしまった』と指摘した。『多文化支援センターは，韓国人を採用して失業率を引き下げようとする機関のような気さえする』という苦言まで出ている」ことが紹介され，最後に「センター数を増やすやり方の多文化政策は，いざ多文化家庭の真なる統合には，あまり役立たないような気がする」という政策のあり方への評価が述べられている。

　こうした指摘に見られるように，多文化家族政策では，韓国社会で安定した生活を送ることができている女性についてはサービスが提供されているが，問題を抱えている女性については十分に対応しきれていない。結婚移住女性へのドメスティック・バイオレンスには，夫や夫の家族といった親密な関係性において暴力を受け，無理解などによって孤立し，声を上げることが難しい状況にあるという，政策からこぼれ落ちる結婚移住女性の人権に関わる問題が存在している。

　社会で潜在化する女性たちの声を受けとめて，移住女性の主体的な生き方

を尊重しようとする実践が，韓国の民間団体によって行われてきた。次節以降では，「インチョン女性の電話」という民間人権団体が，2008年から行っていた移住女性たちによるコミュニティの実践を取り上げて，社会的に孤立しやすい移住女性たちのエンパワメントが，彼女たちの生き方や存在を尊重するような場，つまり多文化主義とフェミニズムに根差したコミュニティにおいて可能となっていたことを述べる。

第 **3** 節　移住女性を支援する民間団体の実践
——アイダマウルの実践から

┃ 1．アイダマウルが形成された背景

　本節では，「インチョン女性の電話」のプロジェクトとして進められていた「アジア移住女性多文化共同体（Asian Women's Community/아이다마을/アイダマウル）」の取り組みを紹介する[*16]。

　インチョン市プピョン区に拠点を置く移住女性たちのコミュニティ，アイダマウルは，2008年に韓国女性財団と生命保険会社の社会貢献委員会の支援を受けて，「インチョン女性の電話」のプロジェクトとして始まった[*17]。活動開始の背景には，女性のための相談事業を展開していた「インチョン女性の電話」が，2003年以降，DV被害に遭う移住女性たちと出会うことになったという経緯がある。

＊16　アイダマウルの取り組みに関わる記述は，2012年および2013年の調査時点のものである。

＊17　2008年9月から2012年12月まで，生命保険社会貢献委員会（三星生命，教保生命）と韓国女性財団の助成を受けていた。インチョン女性の電話ブログ記事「アイダマウル引越し（아이다마을 공간 이사）」http://blog.daum.net/hotline21/7131437（アクセス日2013年8月）より。

　アイダマウルの活動に関わっていたキムソン・ミギョン氏は，「2003年度に韓国で国際結婚が急増し，そのなかで暴力を受けた移住女性との出会いが現在の活動のきっかけ。移住女性の環境に目を向ける必要を感じ，関わり始める。これまでに話を聞くなかで，自分は移住女性のための特別な空間の必要に気づかなかった。移住女性と出会い，実家がないことで，住む場所や居場所がないことを知った。また，物理的空間だけでなく社会とのつながりもなく，理解されないことや，自分の環境・悩みを話す場がないこと，言語の問題により意思が通じないことなどを知った」と語った。

　「インチョン女性の電話」が移住女性に対する支援活動を開始した当時は，「多文化家族支援センターや移住女性のための支援制度は，まったくなかった。あるものは民間団体などで行われているものだった」こと，2005年以前は移住労働者支援の団体がほとんどであり，結婚移住女性の状況やその人たちが関わる環境はまったく反映されていない，という状態だった。移住労働者支援が政策の中心であり，政府の政策的な取り組みが未整備という状況のなか，支援の手が届きにくかった結婚移住女性たちに目を向けたのが，「インチョン女性の電話」などに見られる民間の女性団体であった[18]。

　民間女性団体のスタッフが移住女性と出会い，彼女たちが家庭という私的空間のなかで暴力を受けている状況を知り，彼女たちが安心できる居場所の必要性に気づいたことが最初のきっかけであった。その気づきが，「アイダマウル」というコミュニティの形成として具現化するさらなる契機として，「FKSA」という韓国人とフィリピン人の国際結婚夫婦の集まりが「インチョン女性の電話」に韓国語教室の開催を依頼してきたこと，さらに2007年にベトナム人女性が韓国人の夫に殺害されるという事件が起きたことが挙げられる。この移住女性の殺害事件について，キムソン氏は「彼女の死は個人的なものではなく，私たちの社会が一緒に責任を負うべきことであった」こ

---

*18　2000年から活動を開始している韓国移住女性人権センターは，当初は移住女性労働者に焦点を当てた支援活動を行っていた。同団体が子育て教育，性暴力やセクハラ被害に対する情報提供，予防教育を実施し始めた2003年から，国際結婚をしている女性からの相談も増加した。

と，移住女性への「周囲の関心」と「つながりをつくること」の必要性を指摘している（キムソン，2011）。

　この事件の後，「インチョン女性の電話」では，「近所を中心に，その周辺に住んでいる移住女性たち数人と一緒に，"近所探訪，市場探訪，官公庁や郵便局を活用する，個人口座を開設する，サウナ利用"など，実生活に必要な情報を取得するためのメンタリング活動」が展開された（キムソン，2011）。

　以上のように，アイダマウルという移住女性のためのコミュニティ形成には，フェミニズムに基づく「女性の電話」による移住女性支援活動のなかで，支援者が当事者（移住女性）および当事者による自助グループと出会ったこと，さらに移住女性へのDVが原因となった痛ましい事件を通して移住女性のニーズが顕在化し，女性たちにとって安心できる場，社会とのつながりの契機となる場の創出につながった，というプロセスがある。

▎2．アイダマウルのミッション──移住女性の主体性を育てる

　2009年に韓国女性財団が発刊した『多文化家庭支援事業報告書』（韓国女性財団，2009）には，同財団が生命保険会社からの後援を受けて実施した多文化家庭支援事業内容が掲載されており，アイダマウルもその一つとして記載されている。同報告書では移住女性たちに必要な場として，①情報や知識に触れることができる場，②移住女性の課題を研究し政策につなげていく場，③教育を受けられる場，④カウンセリングやサポートを受けられる場，⑤子どもを守り・育てることのできる場，⑥コミュニティとして経済活動をすることができる場，⑦休むことができる場，⑧韓国の国民と交流できる場，⑨国際的なネットワーク形成の場が示されており，そのような女性たちのニーズを受けとめてアイダマウルは誕生した。

　また，同報告書はアイダマウルの実践を「多文化主義的実践」と表し，「アイダマウルのプロジェクトが開放的な移住民コミュニティを基盤としながら，アイダマウル自体開かれたコミュニティとしての役割を果たしている」こと，「アイダマウルの事業の中心には自国のコミュニティがあり，こ

れらはメンタリング活動を介して情報を共有し，お互いに力になってくれて，これに基づいて他のコミュニティと交流し，より大きなコミュニティを形成している」と述べられている。

　そして，アイダマウルの事業目的として，①国，人種，性別の境界の違いを超えて，お互いに配慮して一緒に生きていく文化を掘り起こす場をつくる，②アジア移住女性の活発な交流を通じて，母国センターとしての機能を備える，③移住女性と家族のコミュニケーションを支援することで，多文化家族の韓国での暮らしを助ける，④アイダマウルを利用する人々が言語的，心理的，経済的なエンパワメントを通じて，地域社会の主体として成長することが示されている。

　アイダマウルでは事業運営，ファッション教育，コンピューター教室，韓国語教育，コミュニティのトレーニング，メディアワークショップなど，家族のためのプログラム，地域活動などさまざまな活動が展開されていた。特に同コミュニティが「インチョン女性の電話」の実践を基盤として始まっていることから，事業のなかで「移住女性人権支援のための相談や教育活動」が行われていることは，韓国の「女性の電話」がフェミニズムをミッションとして活動してきたことからも，フェミニストアプローチによる実践の特徴であるといえる。こうした人権に関わる教育は，後述する移住女性たちの言葉が示すように，女性たちのエンパワメントを促す実践として位置づけられる。

　そして，アイダマウルの実践のなかで特徴的だったのは，「シスターフード（Sister food）」と名づけられた，移住女性が運営するレストランである[19]。シスターフードは移住女性たちの経済的自立を目指して，2012年から始められた協同組合型のレストランである。ビルの1階で営業されていたシスターフードの店内には，女性たちの母国の民芸品が飾られており，明る

＊19　アイダマウルのFacebookには，シスターフードが「Sister hood」と「Food」からなる造語であること，2012年から2015年までアイダマウルの主なプロジェクトであったことが記載されている。https://www.facebook.com/aida.maeul/（アクセス日2019年7月31日）

図3-2　シスターフードの店内(上)，移住女性たちの料理(下)

（2013年8月筆者撮影）

く落ち着いた雰囲気がつくり出されていた。また，各国の食材も販売されていた。そこでは，移住女性たちがそれぞれに食事を作って提供していた（図3-2）。

　キムソン氏は，国が運営する多文化家族支援センターとアイダマウルの違いについて，「多文化家族支援センターは移住女性の家族のなかでの役割に焦点を当てているが，アイダマウルは主体性をもった人間らしい生活を重視し，リーダーシップをどう身につけるかがメイン」であることを指摘した。また，アイダマウルが助成金を受けていたことについても，アイダマウルは移住女性が主体となって問題解決していくことを目的としていることから，助成金を受けずに自分たちの力で事業運営を行っていくことを決めたことが

語られた*20。キムソン氏へのインタビューのなかでは，「移住女性たちの自立を目指す」ことがアイダマウルの最終目標であることが繰り返し語られており，こうした点に移住女性の主体性を育んでいこうとする視点が現れている。

第 **4** 節　移住女性のエンパワメントにつながる 多文化コミュニティの形成

▌1．家庭や地域コミュニティ内で孤立する移住女性

アイダマウルに集う女性たちは，家庭や地域コミュニティ内での孤立につながる問題を共通して抱えており，アイダマウルは女性たちの課題解決の場として存在意義を有していた。本節では，社会的孤立の状態に置かれやすい移住女性たちの状況を踏まえたうえで，多様な国籍をもつ移住女性たちが，コミュニティの活動に参加することを通して主体化されていったことを論じる。

表3-1は，アイダマウルの女性たち*21が経験した家庭および地域コミュニティでの孤立につながる問題を整理したものである。移住女性たちは家庭内で，夫からの身体的・精神的暴力，行動の制限，夫の親との関係から生じる心理的ストレス，といった困難を経験していた。韓国語が未習得な状況にあっては外出もできず，こうしたことは社会的孤立につながる一つの要因として指摘することができる。

---

*20　助成金を受けずに活動していくことと関連して，アイダマウルは2008年から2012年までの4年間，「インチョン女性の電話」のプロジェクトとして存在していたが，2013年1月の総会で独立組織とするという話になった（キムソン氏へのインタビューより）。その後，2013年5月に非政府組織として登録を終え，新たな活動の段階に入った。https://www.facebook.com/aida.maeul/（アクセス日2019年7月31日）

*21　女性たちの出身国は，フィリピン，ベトナム，中国，カザフスタンであった。

表3-1　移住女性が経験した孤立につながる問題

【家庭での問題】
・夫は多文化家族の父親教室の会長をしているが，家では人が変わる。お酒を飲んで声が大きくなる。 ・夫は地方の男性。悪口がある。最終的にはフィリピンに帰れと言われてしまうが，自分はもう韓国人なので帰れない。 ・酒を飲みすぎると暴力をふるったり，靴を投げつけたりした。 ・姑と一緒に住んでいたが，韓国語が話せずコミュニケーションができず，また外に出ることもできず，1年間家に閉じこもっていた。姑とコミュニケーションをとるために辞書も探した。韓国語の勉強もしたかったし，料理も習いたかった。外にも出たかったが会話ができなかったので，出られなかった。 ・何かあると夫はフィリピンに帰れと言う。お金の使い方を聞くのが韓国人男性の特徴。私は自分の自由に使いたい。義母は最初，私がボランティア活動をすることを嫌がった。理解してくれなかった。

【地域コミュニティでの問題】
・韓国には人種差別があると思う。皮膚の色が違うことへの偏見など。子どもの学校に対して，人種差別がなくなるような教育をしてほしい。 ・フィリピンは貧しい国なので，地域の人が私を見たときに，金のアクセサリーをつけていても，「本物なの？」と聞かれたことがある。貧乏な国から来た人という扱いを受けたことがあるので，韓国人の友人はいない。経済的な差別観でフィリピン人を見るので，あまり親しくない。人とはあまり会わない。 ・子どもが幼稚園のとき，参観日に行ったら，そこにいた母親たちが近くから離れて行ったという経験をしたことがある。 ・韓国人と違うと感じることとして，地下鉄に乗るときや東大門のように大勢人が集まる場所で，差別を感じる。私はまだ，この社会で韓国人の親の立場ではないと感じている。 ・差別を受けたことは自分はないが，友達からはよく聞く。韓国語ができないだけで給料を安くされたりなどは頻繁に起きている。多文化家族の子どもは，「お母さんが外国人だから」と，韓国語ができなくていじめられると聞く。 ・外国人を人間以下に見る。低い存在として見るのをやめてほしい。自分自身は経験していないが，友人は長時間働いても給料が安い。悪口を言われるなどしている。

「インチョン女性の電話」に付設されている，移住女性のためのシェルター「移住女性憩いの場（ウルラルラ）」では，主として夫からの暴力を受けて入所に至った移住女性たちが，問題を解決するための支援を受けており，2010年のシェルター利用者は44人，シェルター入所関連の相談件数が948件，シェルター以外の入所者の相談件数が113件となっている。このうち，58％がDVの相談，27％が夫婦の葛藤であり，移住女性が家庭で夫からの暴力や夫婦間の不和を抱えていることが示されている。

　地域コミュニティでの生活においては，皮膚の色による差別，出身国に対する差別意識（貧しい国，水準の低い国）の存在，韓国人の単一民族意識の強さが日常的に存在していることが，女性たちの生きにくさにつながっていた。

　日本で「カラカサン」という移住女性のためのエンパワメントセンターで移住女性支援を行っている山岸素子は，「移住女性に対する暴力には，身体的，精神的，性的，経済的暴力など，日本人女性の経験と共通する暴力のほか，在留資格などの不安定な法的地位を利用した暴力（ビザの手続きに協力しない，オーバーステイの状態に放置する），文化社会的偏見に基づく暴力など，移住女性に特有な暴力が加わる」こと，「命の危険にさらされるほどひどい暴力を振るわれても，帰国させられるのではないかという恐怖から助けを求めることができないなど，暴力が潜在化しやすく，被害の実態は深刻である」（山岸，2006，p. 57）ことを指摘する。山岸の指摘は，アイダマウルの移住女性の「夫から出身国に帰れと言われた」という語りにも現れている。女性たちの経験は，「家」という私的空間が，移住女性にとっては主体的に生きようとする力を制限する場でもあるように，女性たちが置かれている不安定な状況を表している。

2．移住女性たちのエンパワメント

　家庭や地域コミュニティ内で安心して過ごせる居場所を持つことが難しい移住女性にとって，自分の存在を否定されず，暴力を受けることのない場づ

くりが，彼女たちのニーズであったといえる。アイダマウルに集うことで移住女性たちは自信を獲得し，主体化していく契機を得ていった。移住女性たちが語ったアイダマウルという場の意義を，表3-2に整理した。

　彼女たちの語りにみられる「実家のような場所」「第二の家」「私の家」「私の側に立ってくれる場所」という表現から，アイダマウルは自分が自分でいられる，安心できる場所としてとらえられていることが理解できる。このことは，家庭や地域のなかに移住女性たちが安心できる空間が存在しにくいことの現れでもあるといえよう。

　キムソン氏は，移住女性にとっての韓国での「家」について，「仕事場であり，気楽に過ごしたり休むところでなく，夫などがいると不安定なところであり，暴力を受けた女性には帰りたくないところ」であること，「結婚移住女性には家はあるが，その家は危険な空間になっている。家以外に自分を維持できるところ，楽に過ごせるところが大事だと考え，このアイダマウルをつくった」と語っていた。

　キムソン氏および移住女性たちの語りに見られるように，アイダマウルは女性たちが自国のアイデンティティをもって安心して語り，考え，集える場

表3-2　アイダマウルという場の意義

- コミュニティという場所。仲間と一緒にできることがある。
- 友達に会えて，話ができて，悲しいとき，苦しいとき，対話ができる。
- 第二の家。友達とフィリピン料理を作って友達関係が広がった。
- ここ（アイダマウル）のメンバーだという思いがある。ここに来る人に料理を作ったりしている。
- 私の実家のような場所。フィリピン語で話せるのがとてもいい。
- ここは私の家。ここに来て国籍に関係なく皆（日本人，中国人，韓国人，バングラデシュ人など）と話すことはとっても楽しい。遠慮なく何でも話せる。
- この場所に来ると，親も子どもも安定した気持ちになる。
- 実家のような場所。子どもたちも楽にしている。母親たちが集まって料理をしたりする。相談の場所があって相談をしたり，子どもたちも（学校から）帰ってくる。
- 自由がある。アイダマウルは移住女性が話せないことを，社会に対して代理でやっている。
- 元気になれる。サポートしてくれる。私の側に立ってくれる場所。

所であるとともに，自らの「実家」に近い存在として位置づいていた。

　第3節でもふれたように，アイダマウルがフェミニズムの視点に立つ「インチョン女性の電話」のプロジェクトから出発していること，アイダマウルの事業に女性の人権教育に関するプログラムがあることなど，アイダマウルの活動に参加する女性たちには，フェミニズムの視点に基づく教育を受ける機会が提供されていた。こうした取り組みは，女性たちのエンパワメントにつながっていた。アイダマウルで活動していた女性たちには，「アイダマウルの活動をしながら平等・差別について考えるようになった」こと，人権教育を受けたことで，「自分と同じような立場の人に人権について伝えたいと思うようになった」こと，「韓国の女性たちは文化のせいで弱い。移住女性の立場から現状を知らせることが大事だと思った」といったように，自らが置かれた不当な状況に対して異議を申し立てることの認識が生まれていた。

　アイダマウルのメンバーで人権運動に積極的に参加していた移住女性は，「韓国ではまだジェンダーの平等ができていない。差別が問題」であると，韓国社会のジェンダー不平等な構造的問題を指摘していた。彼女はさらに，韓国政府，社会に望むこととして，「外国人女性たちが来て，問題があったら帰国させる，それは人権の問題。子ども虐待の問題。韓国社会全体に人権の問題がある」と語った。また「ジェンダーイクオリティ。韓国の女性，男性の問題。暴力問題，家庭暴力，性暴力が深刻。韓国人の親の問題，性別役割分業の問題。韓国は父親と母親の役割を分けている」と，韓国社会の家父長主義的家族制度の問題を明確に指摘した。

　戒能民江は，「私的領域における暴力の問題化・顕在化と，紛争下での女性に対する暴力の噴出，およびそれに対するフェミニズムによる意味づけ」が，国際的な女性の人権運動の展開を後押ししたこと，1993年の国連「女性に対する暴力撤廃宣言」が，「女性に対する暴力」(violence against women) 概念を示したことで，「女性への暴力および暴力の被害者に向けられた社会のまなざしの構造転換」が目指されたことを述べている (戒能，2008，pp. 251-253)。そして「女性に対する暴力」概念を，「ジェンダーに基づく暴力」として再定義することで，「暴力の社会構造的認識を可能にし，女性あるい

は性的マイノリティ抑圧・差別の社会装置としての暴力の位置づけを明確化した」(戒能，2008，p. 253) と述べる。

　国際的な女性の人権運動の展開のなかで形成されてきた，私的空間における暴力の問題を社会構造の問題としてとらえるという視点は，「女性の電話」に代表されるフェミニストアプローチの実践によって，韓国で生きる移住女性たちのなかにも着実に根づいているといえよう。アイダマウルで活動する移住女性たちのなかに，韓国で生活する移住女性の人権や，韓国社会の家父長主義的家族制度を問題ととらえる視点が見られることは，アイダマウルというコミュニティに参加することを通して，女性がエンパワメントされていったことを示している。

3．移住女性のエンパワメントにつながるコミュニティ形成 ──アイダマウルの可能性

　アイダマウルというコミュニティは，移住女性をエンパワメントする場としての機能を果たしていた。先述した「カラカサン」における移住女性のエンパワメントの実践について，同センターの運営委員でもある稲葉奈々子は，「フェミニスト参加型アクションリサーチ」に位置づけて女性たちのエンパワメントの過程を分析している[22]。そして，女性たちが「日本で生活する上で必要な資源へのアクセス」[23]，「体験の共有」を経て，次の段階として「ほかの仲間とともに組織的に，集合的に活動することで設定された目標の達成のための活動」に向かうことができ，さらに「自分と同じ状況に置

---

[22]　稲葉は「フェミニスト参加型アクションリサーチは，『フィリピン人』さらには『女性』を劣位に置く力関係に女性たちが捉えられてきた複雑な過程をたどり，それを解きほぐすことで，自らに対する尊厳を取り戻す過程でもある」と述べる（カラカサン・反差別国際運動日本委員会，2006，p. 10）。

[23]　必要な資源として，日常生活上の知識の獲得，日本語の学習，労働者や女性としての権利の学習があり，女性がアクセスできる資源にどのようなものがあるのかを伝える役割を，カラカサンのような支援組織が担っている（カラカサン・反差別国際運動日本委員会，2006，p. 10）。

かれた人のエンパワメントを助ける段階に至る」と述べる。稲葉は，こうした女性のエンパワメントの過程を「個人的なエンパワメントからはじまり，集合的なエンパワメントへと拡大していく過程」ととらえ，「集合的なエンパワメントには相互の信頼関係と連帯が前提となっており，日常的な活動を通じて，連帯が形成されていく」と述べる（稲葉，2006，p. 11）。

　アイダマウルの移住女性たちは，アイダマウルに集い，互いの経験を分かち合うことを通じて，移住女性たちが主体的に生きられる社会の形成という共通の目的の実現のために，協同してきたといえる。アイダマウルの移住女性たちは，コミュニティでの活動を通してエンパワメントされ，自己変革を遂げていったのである。アイダマウルは"休眠"していた時期もあったが，2019年に向けて「大人向け英語クラス」「タガログ語クラス」「韓国語クラス」「ラインダンスクラス」「リーダーシップ研修」というプログラムを立ち上げて活動している[24]。さらに，2018年3月にはプピョン区で「性暴力，家庭内暴力の予防＃Me Too キャンペーン」の開催[25]，同年6月にはアイダマウルも参加団体の一つとなっている「インチョン移住人権団体ネットワーク」主催による，移住者の権利擁護のための問題に関する討論会がアイダマウルで行われ，地方選挙の候補者たちに移住者の人権のための提案を整理する場がもたれた[26]。

　このように，「インチョン女性の電話」から独立した後，移住女性たちが主体となってアイダマウルの活動は継続され，現在，その活動は韓国における移住女性の問題解決や，移住者の権利擁護の取り組みへと展開している。

---

[24]　https://www.facebook.com/aida.maeul/（アクセス日2019年7月31日）。このなかで"Aida Maeul had been dormant for a while but it started anew with the following programs for the year 2019; 1. English Class for Adults 2. Tagalog Class 3. Korean Class 4. Line Dance Class 5. Leadership Training"と記載されている。

[25]　http://mwtv.kr/archives/news/%EC%9D%B4%EC%A3%BC%EC%97%AC%EC%84%B1%EC%9D%98-%EB%AF%B8%ED%88%AC-%ED%94%BC%EB%B6%80%EC%83%89-%EB%96%A0%EB%82%98-%EC%A1%B4%EC%A4%91%EB%B0%9B%EC%95%84%EC%95%BC（アクセス日2019年7月31日）。

[26]　http://www.ecumenian.com/news/articleView.html?idxno=17525（アクセス日2019年7月31日）。

アイダマウルの実践には，当事者によるコミュニティが，ホスト社会を変革する主体として位置づけられる可能性が表れている。

　多文化主義およびフェミニズムに根差したコミュニティには，制度の狭間で孤立しやすい危険性をもつ移住女性の課題を社会で共有化し，社会の問題として発信していくという機能があった。社会的バルネラブルクラスに位置づく移住女性の生活課題とその解決を当事者が目指していくところに，アイダマウルの実践の可能性を指摘したい。

『焼肉ドラゴン』とハルモニのカルタ

● 朝倉美江 ●

　「たとえ昨日がどんなでも，明日はきっとええ日になる」という在日コリアン1世の言葉は重い。在日1世に"ええ日"は来るのだろうか。この1世がかつて暮らした大阪・伊丹空港のそばの在日コリアンの集落を舞台に2018年，『焼肉ドラゴン』（脚本・監督　鄭義信）という映画が公開された。

　1940年代，空港の拡張工事のため朝鮮半島から集められた人たちの，宿舎跡地の集落の焼肉屋が舞台である。焼肉屋の父母と3姉妹と弟が，多様な葛藤を抱えながら日本社会のなかで生きていく姿の厳しさと切なさとともに，日常の笑いと優しさに家族の深いつながりが見事に描かれている。なかでも，末っ子の弟は中学校で在日コリアンであることでいじめ抜かれ，自らの命を絶ってしまった。この息子にも父は，「たとえ昨日がどんなでも，明日はきっとええ日になる」と屋根の上で語っていた。その場面は『屋根の上のバイオリン弾き』を思い出させるような印象的なものであった。ユダヤ人も在日コリアンも自分たちのやすらぎの場を求め，"ええ日"が来ることを願い続けて生きている。そのやりきれなさが見事に描ききられ，映画の最後，1971年に2組の娘夫婦は帰国船で北朝鮮に帰り，1組の夫婦は日本に残り，老夫婦は集落を追い出され，家財道具を乗せたリアカーを引きながら"ええ日"が迎えられることを願って歩いていく。

　『焼肉ドラゴン』の在日コリアン家族の人生の理不尽さ，やりきれなさは，私たちの今の社会に満ちている閉塞感や，思いどおりの人生を送ることが困難な状況につながって心に重く届く。私たち自身も"ええ日"を求めているが，"ええ日"はいつか来るのだろうか。

　手元に『思い出のくらし　川崎ハルモニの手作りカルタ』（社会福祉法人青丘社　川崎市ふれあい館）がある。そのなかに「ふるさとはいきたいけどとおくていかれない」「わたしはじだいのいちぶです」「さべつされてないてかえってくるわが子がかわいそう」「いろいろなことがあった。よくいきてきた。にんげんは

つよい」「くるまいすデモのとちゅうでおどりだす」など，日本に来て80年も働いて働いて，働きづめに働いて家族を支えてきたハルモニたちが，川崎市ふれあい館のウリマダン（字を学ぶ場）でつくったカルタがある。このカルター枚一枚が，ハルモニたちの「昨日がどんなに」辛く悲しい日々であったかを物語っている。しかし，彼女たちもきっと「明日はきっとええ日になる」と信じて生き続けてきたことが伝わってくる。

　在日コリアンの人々は，なぜここまで厳しく，過酷な人生を送ってきたのだろうか。田中宏は，わが国は「単一民族」意識が強い傾向にあり，「在日朝鮮人と日本人との間に『国籍』の壁がある」と指摘している（田中，1991）。国籍の壁は，教育，就職，社会保障制度など，あらゆる場面でたちはだかっている。宮島喬は，地方参政権をもてないある高齢の在日コリアンの，「選挙権が認められても，さあ一票を投じて何かすぐ目的を達成しよう，とは思っていない。私らは少数だから，効果は限られているだろう。しかし正式に選挙権を与えられることがすごく大事だ。それでこそやっと，他の人間と差別されない，社会の一員になれたという証明になるから。また政治が私らを"有権者"とみるようになり，その態度を変えるだろう」（宮島，2004，pp. 88-89）という声を紹介している。この声

は生活の仕組みを決定する政治に参加する権利をもつことが，その社会の正式な一員と認められることになること，つまり参加によってその人が社会的に承認され，その人の主張が反映される可能性が生まれ，そのことによって人権が保障されるということを示している。

また，近年ヘイトスピーチの問題が深刻化するなか，ようやく2016年5月24日，ヘイトスピーチ解消法（本邦外出身者に対する不当な差別的言動の解消に向けた取り組みの推進に関する法律）が成立した[*1]。在日コリアンが多く住む川崎市で，崔江似子さんは「桜本（川崎市内の在日朝鮮人集住地域）の思いが，国会に届き，国会で法が整備され，私たちは法によって守られるべき存在だと，法で管理されるんじゃなくて，法によって守られる存在だと，示されました。国が『ヘイトスピーチは許さない，差別は許さない』と示してくれた法で，私たちの尊厳が守られました」[*2]と語っていた。この言葉のもつ意味は重く，法として示されたことの意義は崔さんの言葉にあふれている。

ヘイトスピーチの集団への思いを，桜本の黄徳子さんは，「桜本にきていっしょに　話しながら仲良くしましょうね」と作文に書いたという。この作文に引きつけられた若者たちが，『わたしもじだいのいちぶです』というハルモニたちの作文集をクラウドファンディングで資金を集め，2019年1月に出版した。ハルモニやハラボジ[*3]たちが望む"ええ日"がほんの少し，しかし確実に近づきつつある。

---

*1 さらに2019年12月には，川崎市「差別のない人権尊重のまちづくり条例（罰金額最高50万円）が成立した。

*2 2016年6月5日，川崎市中原区でハンドマイクを手にしたスピーチの一部（2016年8月10日『毎日新聞』朝刊「ヘイトスピーチ対策法成立の陰にある在日コリアンの闘い」）。

*3 朝鮮語でおじいさんのこと。

結婚移住女性の主体的な選択と
コミュニティ
——女性のエンパワメントに着目して

【新田さやか・朝倉美江】

はじめに

　トランスナショナルな移住は，個人が，家族やその生活の場であるコミュニティ，さらにはグローバル化のなかで多様な要因の影響を受けながら行われている。そして，トランスナショナルな移住によって世界的な規模での生産が展開されるなかで，必然的に再生産も世界規模の文脈のなかで展開されるようになりつつある。国境を越えて行ったり来たりするという移動は，移住する本人だけではなく，その家族にも大きな影響を及ぼす。なかでもアジア系移民の先行研究においては，「移民の決断はたいてい個人によってではなく，家族によってなされる。急激な変動のなかで，収入と生存の機会を最大化させるために，家族は別の地域や国で働くためのメンバーを 1 人，あるいはそれ以上に送り出す決断をするかもしれない」と言われ，「多くの場合，年長者」によって「若い女性が送り出されることが多い」(Castles & Miller, 2009, pp. 3-4) ことが明らかにされてきた。

　その一方で，「特定の個人，とくに女性たちが抱く移動への衝動は，伝統的な家父長制家族の呪縛からの解放を望む，家庭/故郷（home）からの『逃避』（flight）とも解釈できる。ジェンダー規範やアイデンティティの呪縛と『闘う』（fight）ために，生まれ育ったコミュニティから『逃避』するという事態は，若くてシングルの女性が親の管理から自由になり，結婚についてより自立した選択をするために，移動する道を選ぶというかたちであらわれている」（ヨー，2007, p. 155)，とも言われている。

　本章ではまず，韓国の多文化家族支援センターを利用している移住女性の実態を明らかにし，そのなかで，彼女たちの主体的な選択を支援する方法を検討したい。そのうえで，日本の移住女性の生活課題と支援の概要を明らかにする。そして，移民支援体制が脆弱ななかで主体的に生活しているアフリカ・K国からの移住女性のライフストーリーに焦点を当て，彼女が主体的に自立的な生き方を選択するなかで，家族や地域の人々とともに新しいコミュニティをつくりつつあるプロセスを紹介したい。そして韓国，日本それぞれの移住女性の生き方のなかで，母国の言語，文化，宗教などを尊重することがエンパワメントを促し，彼女たちの尊厳が守られるコミュニティをつくることを論じたい。

第 1 節　韓国の多文化家族支援センターを利用する移住女性

‖ 1．移住女性の実態

　韓国の多文化家族支援センター（以下，センターと略）は，第3章で紹介したとおり，多文化家族支援法に基づいて運営されているが，そのなかでも多文化家族支援法成立以前から移民支援に取り組んでいたAセンターの協力を得て，2011年9月にセンターを利用している移住女性へのインタビュー調査を実施した（三本松，2012）。調査対象については，センターに多様な出身国の移住女性の選定を依頼した。本節では，その調査結果に基づいて移住女性の実態と支援内容を明らかにしていきたい[*1]。

　本調査は，2国間にまたがって流動化する家族の実態を，時系列とそのライフイベント（就学，就職，結婚，出産など）に焦点を当てて，移住のプロセスと家族の変化を明らかにすることを目的とし，半構造化した調査項目に

＊1　本調査は「一般社団法人日本社会福祉学会研究倫理規程」に則って行われている。

よるインタビュー調査として実施した。調査対象者数は9名で，それぞれの出身国はベトナム2名，中国2名，インドネシア1名，フィリピン2名，カンボジア2名である。年齢は20代2名，30代6名，40代1名で，平均34.3歳であり，夫の年齢は30代3名，40代6名で，平均41.4歳，子どもがいる人が6名であった。

　9名の移住女性たちはマクロ，メゾ，ミクロの移住システムの影響を受けているが，表4-1のとおり，彼女たちの決断は，アジア系移民的な「家族のより大きな幸福」のために自分を犠牲にするというものではなく，自身がより豊かに，さらによりよい人生のためにというように自分自身で決断をし，家族に反対されてもなお移住を実行していた。

　移住女性の最も大きな課題としては，韓国語の問題がある。中国朝鮮族出身の2人は別として，多くの女性たちは韓国語の習得に苦労しており，言葉の問題で仕事を見つけることや正規雇用の職に就くことが難しかった。また，調査時は非正規の契約職員で，子育て中ということから，将来は正規雇用の仕事をしたいという希望をもっていた。具体的には，母国語を生かした通訳や翻訳の仕事を正規でやりたい（A，F），社会福祉士の資格をとって正規職員として働きたい（C，G），そしてネイルアート（D），韓国調理師

表4-1　移住女性の基本属性と入国理由・家族の意向

	出身国と年齢	入国資格・理由	母国家族の来韓意向	韓国家族
A	ベトナム，35	大学中退「研修生」	姉母は移住を勧めた	夫，子3人
B	ベトナム，28	大卒「研修生」・就労	当初反対，説得	夫
C	中国，34	知人の紹介「結婚」	反対なし	夫，子2人
D	中国，34	高卒「研修生」・就労	仲介料等負担	夫
E	インドネシア，36	高卒「研修生」・就労	家族は遠いからと反対，妹も来韓	夫
F	フィリピン，39	大卒・「結婚」・統一教会	統一教会に反対	夫，子2人，義母
G	フィリピン，48	大学中退・「結婚」・夫「留学」	反対なし	夫，子3人
H	カンボジア，23	小卒・仲介業者「結婚」	父は反対，母はOK	夫，子2人
I	カンボジア，32	中卒・仲介業者「結婚」	両親は心配	夫，子1人

（E），美容師（I）などの資格をとって働きたいという。

　その背景には，経済的な課題がある。Aはアルバイトなので，夫が胃がんになったことからも生活費，教育費に不安を抱えている。Cも経済状況について「厳しいです」と語っている。義母と同居しているFは「夫の給料がいくらだかを知りません」と言い，「自分が欲しいものがあってもなかなか買えない」ので，現在は英語の教師の仕事で自身の給料を稼いでいる。Hも「お金の管理は夫がしている」と言う。彼女たちは正規雇用を切実に望んでおり，生活が厳しい状況がうかがえた。

　また，子どもについては，韓国でやりたいことをやってほしいと語る人が多かったが，自分と子どもとのコミュニケーションについては，Aは，子どもがベトナム語を話せないこと，最初の子どもには「韓国語がうまくできなかったのでしゃべらなかった。今すごく後悔している」。I（カンボジア）も，韓国語が難しいのでコミュニケーションが大変だと言う。そして，子どもの言語は韓国語であるが，C（中国）は子どもに中国語を教えており，中国に留学させたい。F（フィリピン）とG（フィリピン）は英語も教えている。ただし，Fは子育て中，娘から「お母さんのせいで皮膚が黒いと言われるよ」と言われた。GもF同様，子どもが学校で「外人」と言われ，いじめられたという。

　以上のように，移住女性たちは子育てのなかで，言語の問題で子どもとのコミュニケーションが不十分であったこと，差別を受けたこと，経済的な問題，そして韓国文化や韓国の教育方法への戸惑いなど，多様な困難を経験している。それらの困難を抱えた経験のもとで，子どもたちには本人のやりたいことをやらせたいと語っていた。それは，彼女たちが自分自身の決断で移住したこと，困難に当面しながらも親族やセンターの援助を得て，自らの人生を切り拓いてきたことが背景にあるからだと思われる。

┃ 2．自立を支えるセンターのプログラム

　センターの支援プログラムには，①韓国語教育，②多文化家族就職連接支

表4-2　センター利用状況

A	家庭統合教育，子ども教育，自助グループ，職業能力向上教育，相談
B	韓国語，家庭統合教育，多文化家族配偶者教育，社会統合教育
C	韓国語，家庭統合教育，夫婦教育，子ども教育，自助グループ，職業能力向上教育，相談，訪問教育，通訳・翻訳，リーダーシップ教育
D	韓国語，職業能力向上教育
E	韓国語，家庭統合教育，多文化家族配偶者教育，夫婦教育，子ども教育，自助グループ，職業能力向上教育，相談，訪問教育，通訳・翻訳，リーダーシップ教育
F	韓国語，職業能力向上教育，通訳・翻訳
G	韓国語，職業能力向上教育，通訳・翻訳
H	韓国語，職業能力向上教育，通訳・翻訳
I	韓国語，家庭統合教育，多文化家族配偶者教育

援，③多文化家族自助集会，④個人・家族相談，⑤訪問教育事業，⑥多文化家族子女言語発達支援事業，⑦通訳翻訳サービス事業，⑧言語英才教室などがある*²。

　本調査対象者たちのセンターの利用状況は，表4-2のとおりである。

　A（ベトナム）は，DV相談の通訳の依頼をきっかけにセンターを利用するようになった。そして，センターのプログラムの手伝いやベトナムの移住女性にアドバイスなどをしている。B（ベトナム）は韓国語の教育を受け，センターの事務の仕事をパートで行い，現在は社会統合教育のプログラムを受けている。C（中国）は，就職のためにセンターで韓国語教育を受け，現在は通訳の仕事を1年契約で行っている。Cはセンターの利用を「人生の転換点になった」と評価している。D（中国）も韓国語教育とコンピュー

＊2　2019年5月現在，多文化家族支援センターで提供されているプログラムは，①韓国語教育，②通訳・翻訳，③相談およびケース管理，④結婚移住者対象の社会適応教育・就業教育，⑤家族教育，⑥多文化家族子女の言語発達支援，⑦訪問教育（子女の生活），⑧多文化家族のバイリンガル環境づくり，となっており，変化はない（多文化家族支援センターホームページ「主なサービス」〔https://www.liveinkorea.kr/portal/JPN/page/contents.do?menuSeq=5279&pageSeq=118〕〈アクセス日2019年4月30日〉より）。

ター，ネイルアートも学んでいる。E（インドネシア）もセンターで韓国語を勉強し，さらに夫婦のコミュニケーションの方法なども学んだ。そのなかで，センター長から通訳・翻訳の仕事を勧められ，行っている。F（フィリピン）は，教会の友人からセンターを紹介され，韓国語を学び，塾などで英語を教えている。将来は通訳士になりたいと言う。G（フィリピン）はセンターを最近 TV や市の広報で知って通い始め，フィリピン人と知り合うことができた。H（カンボジア）は，センターで韓国語を勉強している。I（カンボジア）は，韓国語の訪問教育を利用している。さらに，センターで知り合った H が，子育てなどで一番信頼できる相談相手だと言う。

　本調査対象者は，センター事業の通訳や翻訳を契約職員として行っている女性たちが多いことからも，移住女性の自立に向けた支援としては，就労のために必要な，①韓国語教育，②職業能力向上教育が大きな成果を上げていた。子育て中の女性が多いことからも，韓国語教育は通学するだけではなく，訪問教育があることにより，より利用しやすく，有効なサービスとなっている。さらに，韓国語能力が向上することで，母語を生かした母語の講師や，通訳・翻訳の仕事が可能となっており，移住女性の自立と自信につながっている。センターで同じ出身国の移住女性と出会えたことは，同じような経験を共有し，共感し合える仲間同士のサポートが行われ，大きな意味がある。

　韓国語を学ぶことに関しては，韓国社会で主体的に生きていくためには必要不可欠な課題であり，韓国語のプログラムが充実し，成果を上げていることは評価できる。さらに，それと同様に重要なのは，移住してきたことがメリットとなるような支援だと思われる。そのために，センターでは移住女性が母国を誇りとし，子どもにとっても尊敬される母親であるために，母語を生かす機会をプログラムに反映させている。

3．ジェンダーとエンパワメントを意識した支援

　韓国の多くのセンターのプログラムは，当初は早期の定着支援を意図して

韓国語教育や韓国文化教育が中心であったが，このような支援について，韓国の移民政策は同化政策であるという批判がされてきた。曺興植は，「彼らに対して『支援』の対象であって，『共存，ないし共生』する存在としての認識が欠如」していること，さらに「支援対象を韓国人男性と女性結婚移民者で構成された家族を国家政策の中心範疇においていること」を指摘し，文化的多様性を尊重することを主張している（曺．2011）。

　本調査対象のセンターは，同化ではなく統合を目指し，さらにジェンダーを意識した取り組みがされているところに特徴がある。具体的には，移住女性の母国の言語や文化を尊重し，それを移住女性の強みであるとして，それが生かされるような支援が意図的に行われている。子どもたちに対する母親の母国理解を促すために，センターには「多文化図書館」が併設されている。さらに，母親の韓国語スピーチ大会とともに，子どもが母親の母語と韓国語で行う二重言語大会も開催し，移住女性が家族，韓国社会のなかで評価される重要な機会となっている。

　また，夫との対等な関係を構築するプログラムの一つである社会統合教育のプログラムについて，B（ベトナム）は，「家族内のコミュニケーション，生き方，韓国について学んでいる。配偶者を呼んで『こういうふうにするべきだ』と理解を促したりする内容もある。夫婦教育は，夫婦一緒に，夫婦関係，妊娠，出産時には夫も家事をし，夫婦関係を明るくしようということを学んだ。このプログラムへの参加によって夫も変わった。私の韓国語がわからず夫が怒ることもあったが，怒らずにゆっくり理解するようになった」「社会統合プログラムの資格をとると国籍取得がしやすくなるので，国籍を取得予定である」と語ってくれた。「センターに登録したときから幸せになった」「今はプログラムに参加したり，みんなと話したりできる。人権についてもセンターでいろいろ教えてもらった。職場で韓国人は外国人を差別したり無視したりしていた。仕事の良し悪しではなく，外国人のミスに厳しいという感じだった」と評価している。

　以上のようなプログラムは，韓国人と移住女性との対等な関係と，女性たちのエンパワメントを支える支援となっている。さらに，移住女性の大きな

悩みの一つである家庭のなかの対等な関係を形成することも，女性たちが自信をもち，韓国社会で自己主張していくためにも重要な支援方法である。

　また，今回の調査対象者は，自立に向けて確実に歩きだし，センター職員そして同じ国の移住女性たちと励ましあい，支えあって韓国社会に定住している。移住女性たちは，自分たちの困難を家族のなかで，さらにコミュニティのなかで乗り越えつつある。そのような彼女たちは今後，移住者や生活困難な人たちを自分たちが支えたいという思いを強くもっていた。C（中国）は，現在通訳・翻訳の仕事をしながら夜間大学に通学し，社会福祉士の資格取得のための勉強をしている。将来は移住女性初の町長を目指したいと熱く語ってくれた。G（フィリピン）も大学で社会福祉士になる勉強を始めたと言う。またA（ベトナム）も将来は相談の仕事を希望していた。このように，移住女性たちが移民たちの生活を支える専門職となることを望んでいることは，とても大きな意味がある。

　韓国のセンターは，社会福祉士，健康家庭士，家族相談士などの資格要件を備えた職員が配置され，その専門性が高いことが大きな特徴であり，センターを利用している移住女性たちは，専門的で多様な支援を利用することで，自立に向けて大きく踏み出しつつある。その際には，韓国語とともに母語を生かせるような機会を創出すること，さらに家族間の対等な関係を構築することが有効であった。

　移住女性たちが韓国に移住し，その生活が安定し，将来への希望が見えていることは最も重要であり，そのことを支援するセンターはその役割を果たしつつある。とはいえ，彼女たちの今後の安定した生活や老後の問題，母国との関係をどのように維持していくことができるのか。さらに，彼女たちの子どもの将来など，今後の課題は依然大きい。

<h1 style="text-align:center">第 2 節　日本で生活する移住女性</h1>

┃ 1. 日本で生活する移住女性の実態

　2019（令和元）年6月末の在留外国人数は282万9,416人，そのうち女性は144万2,015人（構成比51.0％）となっている（法務省，2019）。移住女性の在留資格別にみると，表4－3に示したように永住者が最も多く48万2,105人，次いで特別永住者が16万51人，留学が14万9,728人，家族滞在が12万5,686人である。2016（平成28）年11月の「出入国管理及び難民認定法の一部を改正する法律」が成立したことによって創設された，「介護」の在留資格で滞在している女性は363人いる。国籍別にみると，最も多いのは中国（43万1,161人），次いで韓国（24万3,906人），フィリピン（19万4,178人），ベトナム（16万1,711人），ブラジル（9万4,548人），台湾（4万1,285人）となっていて，アジアの国々から日本に来て生活している女性たちの割合が多い。

　日本で生活する移住女性たちが抱える困難状況については，先行研究や移住女性支援団体の支援者等によって指摘されている。移住女性支援の現場に携わってきた山岸素子は，移住女性たちが「日本社会の中で圧倒的に弱く，不利な立場に置かれ，差別や暴力にさらされやすい」（山岸，2012）と指摘する。移住女性の抱える具体的な問題として，山岸がたずさわる移住女性支援団体「カラカサン：移住女性のためのエンパワメントセンター」に対して2011年度に寄せられた相談として，「子ども関連（認知，国籍，親権，教育，虐待など）」「在留資格関連」「DV関連」が挙げられている。

　また，「移住外国人女性における生活構造に関する脆弱性」に着目した南野奈津子は，「日本における移住外国人女性の脆弱性」を「外国人としての困難と女性」「国際結婚とジェンダー」「日本における移住外国人女性への暴力」「子育ての担い手という側面」「日本の子育て家庭の課題の影響」という

表4-3　在留資格別にみた移住女性の数

在留資格	女性	総数
永住者	482,105	783,513
特別永住者	160,051	317,849
留学	149,728	336,847
家族滞在	125,686	191,017
定住者	104,368	197,599
技術・人文知識・国際業務	94,324	256,414
日本人の配偶者等	88,928	143,246
技能実習2号ロ	79,621	180,289
技能実習1号ロ	67,948	162,718
介護	363	499

　(「e-stat　政府統計の総合窓口」に掲載されている2019年 6 月現在の「在留資格別・年齢・男女別　在留外国人」データをもとに筆者作成。https://www.e-stat.go.jp/stat-search/files? page=1&layout=datalist&toukei=00250012&tstat=000001018034& cycle=1&year=20190&month=12040606&tclass1=000001060399&stat_infid=000031886384&result_back=1〈アクセス日2020年 2 月25日〉)

　5 点に整理して述べている。そして，先行研究の知見を踏まえながら「日本社会において移住外国人女性の脆弱性が高いことの根拠は『外国人である』点だけにあるのではなく『国際社会における移民，そして女性としての脆弱性』，『日本社会における移民，あるいは外国人，そして移住外国人女性ゆえの脆弱性』，そして『日本の子育ての担い手という立場がもたらす脆弱性』といった要素が複合的に絡むことにより，女性の生活上の様々な制限や弱さを生み出しているのである」(南野，2017，p. 71) と述べ，移住女性たちが国内外における不利な構造下で生きざるを得ないことの問題性を指摘する。

　多文化家族や結婚移住女性への支援に関して，日本より制度的に進んでいるのは韓国である。韓国に比べて結婚移住女性への支援が十分に整備されているとはいえない日本社会においては，先行研究で示されるように，移住先での新たな生活を営んでいく過程で女性たちは生活を不安定にするさまざ

な困難を抱える。特に，結婚をきっかけとして来日する移住女性は，日本社会で近隣の地域住民との関係や，子育てを通じて形成される人間関係などに深く関わりながら，定住または永住生活を送ることになる。結婚移住女性の生活は，夫である日本人男性や夫の家族・親族との関係，地域社会の住民との関係に大きく左右されて成り立っている。

　彼女たちが抱える生活上の課題として，社会・文化的要因による課題（言葉の問題，見た目など身体的特徴の問題，人種や国籍に関わる問題），経済的要因による課題，ジェンダー要因による課題，在留資格を要因とする課題が挙げられる。移住女性たちが日本社会で定住していくとき，生活する地域で彼女たちをサポートする場があることにより，女性たちのエンパワメントが実現し，安定した定住生活につながっていくと考えられる。

2．移住女性のエンパワメントにつながるコミュニティ形成

　本項では，前項で紹介した移住女性支援団体「カラカサン：移住女性のためのエンパワメントセンター」（以下，カラカサン）の活動から示唆される，移住女性のエンパワメントを可能にするコミュニティについて取り上げる。

　カラカサンは，2002年12月7日に設立された。背景には，「カトリック横浜教区対日外国人と連帯する会（SOL）」が2002年3月に解散したとき，当時のスタッフやボランティアで，暴力の被害経験のあるフィリピン人移住女性たちが，移住女性とその子どもたちが置かれている状況に対応することの必要性を感じて立ち上げた，という動機があった。「カラカサン」とはタガログ語の「力」を意味する言葉であり，「女性の内なる力であり，その力に気づき取り戻すことができれば，個人のエンパワメントを可能にする。また，集団で行動することによって，抑圧的な制度から女性を解放することもできる」という思いが込められている（カラカサン・反差別国際運動日本委員会，2006，p. 15）。

　現在，カラカサンで行われているプログラムは，①相談・カウンセリング（電話・面接），②女性へのフォローアップケア，③アドボカシー・ネット

ワーキング，④その他として「ニュースレターやリーフレットを配布し，移住女性や子どもたちに必要な情報や，活動に関わる情報の提供」がある。また，子どもプログラムとして，①文化の教室，②相互交流活動，③フリースペース，④家庭訪問，カウンセリングが行われている（カラカサンHPより）。女性へのフォローアップケアでは，女性たちの居場所づくりの支援が行われており，子どものプログラムでも子どもたちの集いの場が提供されているように，社会的孤立状況に置かれやすい移住女性や子どもたちの居場所づくりが，意識されているといえよう。

　カラカサン運営委員である稲葉奈々子は，カラカサンの活動の特徴として，「移住女性のエンパワメントの実現にあたっては，カラカサンの活動によって形成されたコミュニティが果たした役割が大きい」こと，「カラカサンの女性たちの活動が示しているのは，伝統的な共同体でもなければ，家族の絆で結ばれたのでもない女性たちが，協同して一つのことを成し遂げるコミュニティがありえるということではないだろうか」（カラカサン・反差別国際運動日本委員会，2006，p. 12）と述べ，それは「経験を分かち合うことでたがいに信頼関係を形成し，共通の目的を実現するために協同するようなコミュニティである」（同，p. 13）としている。

　稲葉が述べるように，移住女性のエンパワメントの実現に向けてコミュニティ形成が必要とされることは，第3章で取り上げた「アイダマウル」の活動が，移住女性をエンパワメントする場の機能を果たしていたことと重なる。森田ゆりは，「とりわけ都市では，意識的，積極的に地縁のつながりを求める相当の努力をしなければ，おたがいに助け合うための地縁コミュニティーを作ることはむずかしい」と述べ，またコミュニティは必ずしも居住地域に限定されることはないとし，「人が帰属意識を持つことのできる場，個人が健康な生活をするために必要なサポートを提供してくれる場」が，コミュニティであるとしている（森田，1998，pp. 58-59）。

　カラカサンは，配偶者からの暴力被害に遭った移住女性の，個人的かつ切実な「支援の必要」を受けとめ，個別支援を行ってきた。カラカサンで支援を受けた移住女性の一人は，「支援は重要だけれども，本当に重要なのは自

分の人生を変えようという決意と，移住女性を差別している制度と闘おうと
する強い決意だった」と述べ，自らの体験を人に語るようになったという
（カラカサン・反差別国際運動日本委員会，2006，pp. 55-56）。移住女性が支援を受け
た後，自らの体験の語り手として変化していく過程は，移住女性自身の自己
変革につながっている。個別支援にとどまらず，社会の構造的な矛盾に対し
て異を唱え，制度のあり方を変えていこうとする移住女性の内に現れた変化
は，同じような体験をした女性たち，カラカサンという支援団体や，支援者
との出会いと支援の場として形成されたコミュニティによって，可能となっ
たといえよう。

　カラカサンの支援およびカラカサンというコミュニティの存在は，日本社
会で脆弱性を抱えながら生活する移住女性たちにとって，自らの置かれた状
況を認識し，女性自身が問題の解決に向けて動き出す自己変革をもたらすこ
とが示唆されている。こうした点を，ホスト社会における移住女性の安定し
た定住生活や，彼女たちのエンパワメントの実現に向けたコミュニティ形成
の必要としてとらえることができる。

　次節では，移住女性や外国人の集住が見られない地域に暮らす事例にみ
る，エンパワメントについて検討する。

第 **3** 節　結婚移住女性の主体的な選択
——ライフストーリーの聞き取りから

▌1. 結婚移住女性の移住プロセス——アフリカ・K国からの
　　移住女性

　外国人非集住地域のエスニック・コミュニティについて論じている坪田浩
平は，先行研究において「一方的に移住・適応・同化する／させる存在」と
して結婚移住女性をみなしてきたことに対して，「肝要なのは，女性たちを

取り巻く構造的制約を強調するあまりに，かえって固定的な『被害者』へと表象してしまう陥穽をいかに回避するかという研究視点の必要性」(坪田，2018，p. 8) を指摘している。

　そして，その研究において坪田は，フィリピン人女性たちによるエスニック・コミュニティ形成について，「女性たちが重要視する『教会』の場の重要性」を示す。坪田は「教会という場での『出会い』を起点にネットワークが重なり合い，エスニック・コミュニティが複層的に構築されるプロセス」に着目し分析する。教会に参加する女性たちのネットワークとその多寡は，移住形態や宗教によって異なるという構造的制約（初期条件）を，まずは明らかにすることを試みている (坪田，2018，p. 69)。

　この視点に関わりフィリピン系のニューカマーについて論じている三浦綾希子は，結婚移住女性たちは「日本社会の同化圧力の下で生き抜いていくために，常に自分を確認する『居場所』が必要であることを，身をもって感じているのである」と指摘している。そして「教会のなかで自分の仕事，やりがいを見出すことで剥奪感を克服している」という (三浦，2015，pp. 114，118)。

　このことは，単身で来日した女性にとって，そのアイデンティティの保持という点で教会というクリスチャン・コミュニティの果たす役割は，フィリピン系のニューカマーと同様に重要であると考えられる。本節で紹介する結婚移住女性は，K 国からの結婚移住女性であり，坪田の対象としたフィリピン人女性とはその初期条件が異なり，居住地に同胞はいないなど大きな違いがある。だが，坪田が指摘するように，教会を基点として移住女性がホスト社会でネットワークを拡大していくという視点は，移住女性の主体的な生き方を考えるうえで示唆に富んでいる。

　本節で紹介するJさんが，現在通う教会と出会ったのは数年前のことであるが，教会という場を通して，彼女はホスト家族内で担う妻，母，娘とは別様の役割や人間関係の広がりを獲得できており，そうした経験は彼女の主体性を引き出していると考えられる。坪田のいう「橋渡しとしての機能」を，教会というクリスチャン・コミュニティの意義としてとらえることができ

る。

　本節では，ある結婚移住女性のライフストーリーを紹介し，彼女がどのような工夫や実践を試みながら日本での生活を送ってきたのかを，みてみたい[3]。個人が特定されないように，本人の表記はJさんとしている。インタビュー時におけるJさんについて，以下に述べる。

　Jさんは50代の女性で，K国の出身である。29年前に来日した。夫がK国の日本大使館で仕事をしており，夫とは知り合いの紹介で結婚をした。夫が大使館での仕事を終えて日本に帰国することになったため，Jさんは来日。夫の両親が日本でレストランを経営していたので，引き継ぐことになった。Jさんと夫の間には3人の子どもが生まれた。一番上の子は母国で出産し，二人の子は日本で出産した。Jさんは数年前に帰化申請をして，現在は日本国籍を取得している。また，Jさんはクリスチャンである。

▌2．ホスト社会への適応過程と多様な支え手の存在

　本項では，Jさんがホスト社会に適応していくプロセスを示す。そして，適応過程での言語習得，制度利用や，子どもの学校関連の対応における家族，近隣住民，子育て仲間といった多様なサポートが，ホスト社会へのスムーズな適応を可能にしたことを述べる。

1）言語習得の方法とその動機——独学，子育て

　「外国人住民のもつ『つながり』方の多様性」に着目した論考で武田里子は，自らが行った調査の結果を踏まえ，移住女性について「社会的に孤立しやすいのは育児期の女性である」（武田，2011，p. 37）と述べている。Jさんも「子育てに精いっぱい」の毎日を送っていた。武田が「日本語でのコミュニ

---

[3]　筆者が所属する教会の知人を通じて，Jさんを紹介していただいた。Jさんと筆者は初対面である。インタビューは教会に附属されている会館で行った。Jさんへのインタビューは2018年7月，11月の2回実施した。本調査は「一般社団法人日本社会福祉学会研究倫理規定」に則って行っている。

ケーションが十分にできない状態で来日し，日本での生活に適応する以前に妊娠・出産する移住女性たちは，その後も育児に追われて日本語を学ぶ機会を逸してしまう」（武田，2011，p. 45）というような状況に，Jさんも置かれていたといえる。

　慣れない移住先での生活，言葉の困難に加え，結婚移住女性にとって子育ては，サポートがなければ社会的孤立につながる。自治体などで主催されている日本語教室は，来日間もない移住女性の日本語支援の場として考えられるが，子育て中の女性たちがそのような場に関する情報を得て通うことは，難しいといえよう。そうした状況において，Jさんは独力での日本語学習と，近隣や子育てを通してできた友人のサポートを得て，日常会話を身につけていった。彼女には，「日本で子育てをするため」という動機の明確さがあった。

　Jさんにとっては，「テレビが私の先生」だった。「テレビで日本語を覚えた。だから学校に行っていないから，自分で全部勉強したの。小学校2年までの漢字を自分でやったの。学校に行ったらよかったなあということもあるけれど。だけど子どもが小さかったから。毎日夕方の6時になるとNHKのニュースを見るの，日本語で。それで7時になると，うちはテレビがバイリンガルだったから，7時になると英語，まったく同じことで英語でやるから，それで比べたりしてた。ああこういうこと言ってたんだと。それで覚えた。あとドラマも大好きで，全然言っていることはわからないけど，やっていること見れば，ああ，こういうこと言ってるのかな，そういうので自分でいろいろとやって覚えた」。Jさんは幼い子どもたちの「子育てに精いっぱい」の毎日を送っており，日本語は独力で身につけた。Jさんは日本語を身につけていくときに，「住んでいるから，言葉ができないと大変な思いをするのは自分だから，だから外国人だから日本語話せなくてもいいとか，そういうのじゃない。だったら，困ってるときはどうするの？　ってなっちゃうから。だから私，一生懸命覚えないといけないと思った気持ちが強かった。それで子どもも学校に行くから話せないと，子どもも困っちゃうから。それで一生懸命早く覚えたいなと思って」というように，日本で子育てを

担っていくうえで日本語習得が必要である，との動機づけを持っていた。

2）言語習得のサポート──近隣住民，子育て仲間，家族

　テレビ以外で彼女が日本語を身につけることができたのは，近隣住民，子育てを通じて知り合った仲間，家族のサポートもあったからだった。日本語をほとんど話すことができなかったとき，Jさんが「お母さん」と呼ぶ近隣の女性が，「一生懸命声かけてくれたり，おいでよ」と気にかけてくれたことで，徐々に日本語を覚えることができた。Jさんは彼女が生活する地域について，「私の近所が日本で一番良い近所」という。また，ひらがなは日本で初めてできた友人が教えてくれた。「うちの近くに公園があって，うちの子どもを連れて公園に行ったら，そこで出会えて，すっごく良い方なの。外国も何回か行ったことあって，それでお友達になってくれて」と，公園で出会えた人との友人関係が，彼女の生活をサポートしてくれた。その人と電話番号を交換し，家の行き来をするようになったという。

　Jさんが公園に行っていた頃，「当時はちっちゃい子が結構いっぱいいたの，みんな公園連れてくるの。公園終わると，私，家でカレー作ってみんなを呼んだり。それやってるうちに，お友達がたくさんできたの。(そういうなかで言葉を覚えて：新田) そうそうそう。それでみんないろいろ何かしゃべるでしょ。それでわからないときは『それどういう意味なの』とか，それで教えてもらったり」と語った。

　このように，子育てを通じて知り合った日本人を中心とした人間関係のなかで，彼女はひらがな，日本語を身につけていくことができた。そのほか，彼女にとって「姑」となる夫の母親も，彼女に言葉や日本料理を教えてくれた。彼女にとって夫の母親は「うちは，『お姑』，じゃなくて，『お母さん』」であり，そのことについて，「なんかそういう壁とかつくるの嫌なの」と話してくれた。

　近隣の住民，子育てを通じて出会った人たち，夫の家族など，夫以外との人間関係形成が，Jさんの日本語の習得や生活のサポートに，大きな影響を与えていたのである。

3）制度利用や子どもの学校関連の対応——夫の援助，PTAへの
　主体的な参加

　Jさんにとって役所での手続きが必要なときは夫が一緒に行ってくれた。「（あと，日本の市役所に行って，手続きとか：新田）あ～，書類ね。あの，大変だったよ。だけど，いつも一人じゃないから。だいたい主人と一緒に行ったりしてたから，どっちかっていうと，何もしないであっち（夫：筆者注）が書いたりしてたから。その辺の大変さはあんまり感じない，私が書いたりしてないから。でも，誰もいないと一人の場合は，全部自分でやらないといけないから，その人たちの気持ち，はっきりとはわからないんだよね。ちょっと違ってたから。でも一人だったらたぶん大変だったと思う。その辺はなんともいえない，私違う状況だったから」と話してくれた。

　子どもの学校のお知らせや教師とのやり取り，日本の母親たちとの関係については，「それは全然大丈夫だった。PTA関係もやってたし，役員もやりましたよ。子ども3人，みんなやってた，小学生のころ。3回もやりました。あと，幼稚園はやらなかったけど，運動会のときとかにお手伝いしたりはしました。あと，私先生方大好きだったから，自分の友達じゃないけど，結構お話ししてたりしたよ」というように，自ら積極的に周りと関わりをもつようにしていた。

　学校からの手紙は夫が読んでくれたのだが，「学校とか手紙とか，子どもがもらってくるでしょ。それはね，主人は読んでくれるけど，読むだけ。内容わかんないんだよ，あっちが。でも私聞いてるのわかってるの。ただ読んでもらってるだけ。読むのは読んでくれるけど内容的には全部わかってた」という。3人の子どもを日本で育てる過程で，Jさん自身が学校からのお知らせに何が書いてあるのかを把握できるようになったので，「最後のほうは，もう読んでって言わなかった。自分で。特に幼稚園なんかね，全部わかってたから。だいたい行事一緒だから，ああこういうことかって」と，自分で理解できるようになっていった。

　Jさんは，子どもたちの学校行事に積極的に参加した。「参観日，私1回も欠席したことない。なぜかっていうと，手紙より，その場所に行って生で

聞いたほうが早いから。いつも前に座るの。みんなね，前に座るの嫌いな
の。皆後ろ座る。それでいっぱいになってから来るの。『Ｊさんはいつもな
んで前にいるの？』って言われるけど。『前のほうがよく聞こえるで
しょ』っていうの。だからときどきね，Ｊさんと一緒だと前に連れていっ
ちゃうから，どうしようって（笑）時々そういうことも笑いながら。いいか
ら前行こうよ！　と無理やり連れていったり。そういうときもあった」と話
してくれた。学校行事に参加することは，子どもの学校生活の様子を直接見
聞きし，Ｊさん自身が理解できること，同級生の保護者との人間関係づくり
にも役立っていたといえる。

　Ｊさんは日本語の読み書きについては，夫のサポートによって大きな困難
を経験していないことから，夫のサポートは結婚移住女性の安定した定住生
活には必要不可欠であることが，あらためて示唆されているといえよう。徐
阿貴は，移住女性の置かれる不安定な状況について，「移住女性はパート
ナー関係が破綻した場合，日本人女性以上にダメージを被りやすい」こと，
「日本における法的地位の不安定さ」を指摘し，「移住女性の法的地位は，日
本人男性との関係によってしか保証されえないという圧倒的な非対称の権力
関係によって規定されている」と述べる（徐，2009，p. 146）。Ｊさんは，夫，
夫の家族との関係が良好であり，生活や手続きの際のサポートが十分にあっ
たといえる。

　そのほか，Ｊさん自身が，積極的に子どもの学校行事に参加する，PTA
活動などに取り組むなど，自らが学び取り，関係をつくる姿勢があること
は，Ｊさんの持つ強みだといえる。先述した武田は，「幼児を抱えた移住女
性は，社会的に孤立しがちだが，子どもの成長に伴って，保育所や小学校で
他の保護者とのつながり，また，教師との関係を通じて社会的ネットワーク
を広げる条件が整ってくる」（武田，2011，p. 39）とも述べている。武田が指
摘するように，Ｊさんも子育ての過程で友人，知人関係が形成され，人間関
係の広がりを経験している。こうした人間関係の広がりは，Ｊさんにとって
安定した定住生活を支える要素となっていた。

3．Jさんのアイデンティティの保持とエンパワメント ──教会の役割

　前項で述べたように，Jさんには来日当初から，近隣の住民，子育てを通じて知り合った人たちなど，ホスト社会への適応をスムーズにする存在がいたこと，そのようにJさんをサポートする人たちの存在を通して，彼女は近隣や学校というローカルなコミュニティに関わることができていったと考えられる。本項では，日本での定住生活において，Jさんのアイデンティティの保持に関して重要と考えられる，教会との出会いという体験について取り上げる。Jさんは教会に通うことで，家族や近隣，友人関係とは異なる関係を形成していった。そのような関係性のなかで，彼女は自身のアイデンティティを尊重される経験をしており，教会というコミュニティが彼女のエンパワメントにつながっていることを述べる。

　Jさんはクリスチャンである。彼女は来日以降，子育て，夫のレストランの手伝いと，慌ただしく生活を送っていたが，祈りの場を探し求めていた。「（この教会に来るきっかけは：新田）ずっと教会を探してたの，だけど見つからなかったのね，それである日，お友達と一緒に鰻食べに来たの。L（地名）のお祭りで。鰻食べようって行って。そこで食べたのね，そしたらね『教会だ〜！！　って』すっごい嬉しかったの」と，教会を見つけたときの喜びを語ってくれた。

　そして，礼拝堂で祈りを捧げるなかで，「そしてお祈りしたらなんか抜け殻みたいになっちゃって，もうか〜くなっちゃって，すっごい嬉しかったの。それで『あ〜，教会通いたいな〜』って」と，教会に通いたいという気持ちがわき起こってきた。しかし，当時はまだ夫のレストランを手伝っており，最初に教会を見つけてから2年くらいは通うことができなかった。そのような日々のなかで，彼女は「あ〜もう，私これ以上やだな，教会行きたい，って主人にさ，バスとか電車を教えてもらって。それから来るようになったの」と，教会へ行きたいという彼女の思いを夫に伝えて，通うように

なった。

　その後，レストラン営業を辞めたことで時間ができ，「自由になって来れるようになったの。もう来ることができるようになったからすごく嬉しい。（じゃあすごく大事な時間なんですね：新田）そうそうそうそうそう」と，教会に通うことができることの喜びを表現してくれた。そして，教会に通うことについて，「だって私のお父さん（母国の：筆者注），日曜日になって教会に行かないと大変なことになっちゃうから」と，母国の父から受けた信仰心の強さを語った。

　Ｊさんは母国にいる頃から教会に通っており，日本で出会った今の教会は同じ宗派である。そのため，礼拝の進め方なども同じであり，「だから飛び込みやすかったの。全部わかってるから。（日本にきてようやくここに出会って：新田）そうそうそう，だから本当にもう。日曜日は教会来ないと悪いことしてるような感じなの。お父さんに怒られそうな感じね，そういう。感じなの。だからもう，いつも教会優先になってるの。行かないと大変だ〜って」と，教会という場が今の彼女の生活の中心的な部分を占めていることを話してくれた。

　Ｊさんはクリスチャンとして生きることを，とても大切にしている。信仰について聞いたところ，彼女は聖書を読むことを大切にしており，聖書に書かれているメッセージをいつも心にとどめているという。そして，「いろんな人に神様の話できたら，って思うことあるけど，でも日本人はあまりクリスチャンの人が多くないから，あんまりしつこく言うと嫌がっちゃうんだよね。でも，私，言っているよ。それで私時々思うの，そのために神様は私をこの国に送ったのかなって。人をクリスチャンになるように。難しいよ，だけどお祈りしながら。みんながそうなったらいいな」と，クリスチャンとして与えられた働きが，日本に来たこととつながっているのではないか，という思いを語ってくれた。

　Ｊさんを支える場として，教会というクリスチャン・コミュニティは重要である。彼女がクリスチャンとして生きることを大事にしていること，信仰を共にする仲間と出会い，過ごす場は，「すごく嬉しい」という言葉に表れ

るように，彼女が彼女でいられる場が保障されているということ，信仰をもって生きることが尊重される場だということが示される。

　教会というコミュニティは，三浦（2015）が指摘するように，Jさんにとって「自分を確認する『居場所』」となっていること，教会を基盤として新たなネットワークを形成する契機となっていることから，彼女のエンパワメントを可能にする役割を担っているといえよう。また，「日本人はあまりクリスチャンの人が多くないから，あんまりしつこく言うと嫌がっちゃう」と語っていたように，キリスト教国ではない日本社会において，クリスチャンであること，信仰について語ることは，時に差別や偏見の対象につながることもある。信仰が一人の人間の生き方を支えている，ということを日本社会に生きる一人ひとりが理解していくことも，移民が疎外されない多文化社会の形成には重要なことだといえる。

　以上のように，Jさんは自分の母国でパートナーとなる夫と出会い，結婚・出産し，パートナーの母国に移住して生活を営み，日本国籍を取得した。本節では，Jさんのライフストーリーを踏まえて，結婚移住女性がホスト社会の住民と共に生活し，女性が主体的な選択をしながら生きられる可能性を，コミュニティとの関連で考察した。Jさんが関わるコミュニティは，Jさんの生活圏におけるローカルなコミュニティ，教会というクリスチャン・コミュニティである。移住先となった日本社会でJさんは，地域コミュニティや子育てを通じた親同士のコミュニティに主体的に関わり，多様な人々との関係性を構築してきた。外国人の集住する地域ではなく，周囲に同胞もいない環境で彼女が常に心掛けてきたことは，「挨拶をする」ということ，そして「みんな一緒」という思いをもつことであった。

　日本で生活する外国ルーツの人たちへのアドバイスを聞いたところ，「まず挨拶と，コミュニケーションをしてくださいって。日本語話せなくても片言でもいいから。頑張って言ってみて」と語った。そして，日常生活でゴミ出しなどの問題が生じることについては，「たとえば，ごみ捨てのこととか，それでよく問題になったりする。やっぱりね，話ししないとうまくいかないから」と，対話の重要性を指摘した。

さらに，「私は外国人だから，って思わないほうがいい。もう自分の国を出てこっちに来てるから，日本人じゃなくてもいいから，心のなかで私も仲間って思えばいい。たぶん来たばっかりだと，日本人って認めてもらえないかもしれないけど，心のなかで，私はみんなと一緒って思えばいい。みんな一緒は大事なの。みんなは一緒。私だけ外国人じゃない，それで挨拶をする。コミュニケーションをする，これが大事，そうするとうまくやれるよ。うまくやるとお互いにうれしいじゃない。それで，何か困ったときにその近所の人に聞いたりすると，すぐ教えてくれるでしょ。だから私これが大事だと思う。挨拶，コミュニケーション。心のなかで，みんな一緒。それが大事だと思う」と，「外国人」ではなく「仲間」という意識をもって，周囲に働きかけていくことが大事であると語ってくれた。

Jさんの「私はみんなと一緒」という考えは，日本社会に同化するという点から生じているのではなく，それぞれのアイデンティティが尊重されたうえで成り立つ，「みんな一緒」であるといえる。それは，クリスチャンとして信仰をもって生きていくことが，彼女の生き方の根底に据えられている点，そうした生き方が，彼女の関わってきたコミュニティにおいて否定されなかった点にあるといえよう。こうした意識をもって周囲への働きかけを試みていくなかで，彼女はコミュニティのメンバーとして位置づいていった。

本章で取り上げた，韓国および日本における結婚移住女性の主体的な生き方を支援する取り組み，Jさんの移住生活の経験を通して，ホスト社会で女性たちのアイデンティティを尊重し，保持するコミュニティを形成していくことが，女性たちのエンパワメントにつながり，彼女たちの主体的な選択の契機になると考えられる。

難民として来日したカンナさんの思い
――日本とカンボジアの懸け橋として

●門　美由紀●

　1975年のベトナム戦争終了後のポル・ポト政権下（1975-1979）に，萩原カンナさんは両親を亡くし，1980年に親族と共に国外へ避難し，難民として来日した。当時9歳だった。それから40年近くたったが，今なお各国から新たに難民としてやってくる人々に思いを寄せ，「日本は安心な国だからこそさまざまな思いをもって来日してくる。日本が一歩踏み出して，そういった思いを受けとめ，難民のもつさまざまな可能性をもっと活用していってほしい」と願っている。

　1975年のベトナム戦争終結前後に，インドシナ3国（ベトナム，ラオス，カンボジア）では新しい政治体制が作られていった。その結果，少なくない人数が，経済活動の制限や迫害を受ける恐れ，新体制になじめないことなどを理由に国外へと脱出した。日本は1979年にインドシナ難民の定住受け入れを開始し，神奈川県大和市などに受け入れのためのセンターを設立した。そして，1981年に難民条約・議定書（1967年の難民の地位に関する議定書）への加入が承認され，1982年から同条約・議定書が発効した。2005年にインドシナ難民の定住許可は終了したが，その数は合計で11,319人，カンボジア人はそのうち1,357人で，カンナさんもその一人だ。両親を亡くし，孤児として親族と日本にやってきた。

　日本で成長したカンナさんは，同じカンボジア難民の男性と結婚し，カンボジア出身の養子二男二女を育て，今は実子を育てている。通訳として各地の入国管理局や警察，実習生監理団体などでの仕事や，公立小学校で多文化の背景を持つ子どもたちの支援を行う日本語指導協力者として活動を行っている。実習生の電話対応では，通訳だけでなく心のケアの役割もあると考えている。カンボジア人は文化的に上司や目上の者に遠慮することも多く，聞きたいことを労働現場でなかなか聞けないことがあるという。通訳者として，専門用語はわかりやすく，必要な情報についてもプラス面とマイナス面の両方を伝えることを心がけている。

日本で暮らすなかで，カンボジア難民とその家族には，高齢化に伴う介護の問題や，言葉の壁による就労の制限，親子間のコミュニケーションがうまくいかないなど，さまざまな生活課題がみられるという。母国に送金している者も多い。両親が生活のための長時間労働に追われるなか，子どもたちが学校や地域で孤立し，負のスパイラルに陥っていくケースも見てきた。カンナさん自身も日々の暮らしで悩むこともあるが，さまざまな行政サービスを利用したり，カンボジア人コミュニティのつながりを深めるための活動を行ったりしている。なかでも，信仰の場としての寺院は，カンボジア人にとり重要な拠点だという。現在3カ所あるカンボジア寺院のうち，カンナさんが関わる寺院では赤十字社の救急法講習を実施したり，NPOなどが実施する多文化共生関連講座のフィールドワークや視察の受け入れも行っている。

　カンナさんは，日本に暮らすカンボジア人や母国のための活動にとどまらず，日本人にもその文化や産業，現在の状況を知ってもらいたいという強い思いがある。そのため，これまでカンボジアフェスティバルの運営や，さまざまな日本人向けの多文化関連講座への協力を行ってきた。カンナさんのFacebookでも，日本人の友人向けにカンボジアに関わるさまざまな情報を発信している。そして，カンナさんの小学生の息子にも，自身の活動やカンボジアのことを知ってもらいたい，自分の活動する姿を実際に見てほしいという思いで，カンボジア舞踊や母語学習の機会を作ったり，カンナさんの活動の場である日本語教室に共に出かけるなどしている。

　多文化の背景をもつ人々と暮らしていくことを，日本，そして日本人には，マイナスな部分ばかりでなく，消費者として，労働者として，共に文化を豊かにする仲間としてとらえ，いい部分を見つけていってほしい，日本の文化や習慣など

知らないことも多いが，地域の活動に一緒に参加できるよう誘ってほしい，おかしいと思うことははっきり伝えてほしいと，子どものころに支えてくれた日本人住民とのエピソードを引き合いに出しながら，カンナさんは語ってくれた。カンナさんの話を久しぶりにじっくりと聞いて，日本に暮らす多文化の背景をもつ方たちと出会い，友人として関係を深め，共に年月を重ねていけるような，そんな地域社会を作っていきたい，そして，その思いを子どもたちにも伝えていきたいと改めて考えた。

　インドシナ難民はじめ，第二次世界大戦後の民族対立の実際を知るためにも，1995年に放映されたNHKスペシャル「映像の世紀」第10集『民族の悲劇果てしなく』（NHKオンデマンド，またはDVD）はぜひ一度観てほしい。一人ひとりの命の重みを実感し，ひとごとではなく自分ごととして問題をとらえることができるだろう。

　現在もなお，各国から多くの難民が来日し，難民申請を行っているが，日本の難民認定率はたいへん低い。また，日本での生活においては言葉や住居，仕事など，さまざまな課題があるのも現実だ。そうしたなか，新たなチャレンジも見られる。NPO法人WELgee（ウェルジー）では，「『難民支援』ではなく『ともにカラフルなセカイをつくる』」を目指し，「Talk with（共に話す），Live with（共に住む），Work with（共に働く）」を柱に，ワークショップを通じて対話を行うサロンや出張講演，緊急シェルター，シェアハウス，就労に向けたインターンやサポーター事業といった活動を，若い世代が中心となって展開している。認定NPO法人難民支援協会のウェブマガジン「ニッポン複雑紀行」では，「さまざまなルーツの人が暮らす今の日本の多様な現実を描き出し，難民も移民もそうでない人も，誰もがともに暮らせる社会の魅力や乗り越えるべき課題」を伝えている。こうした「今」の状況や活動にもぜひ目を向けてもらいたい。

第
5
章

子どもの権利と多文化福祉コミュニティ
──安心して自分らしく生き，育つ権利が保障されるために

【原　史子】

はじめに

　グローバル化の進展を背景として「多文化共生」が推進されてきた。総務省は2006年3月に「地域における多文化共生推進プラン」（以下，「プラン」）を策定し，地方自治体に通知した。現在も地方自治体においては，このプランに沿った施策展開がなされている＊1（総務省，2006）。この通知文書＊2には，旧自治省においても地方自治体においても，1980年代後半から「国際交流」と「国際協力」を柱として地域の国際化を推進し，外国人の活動しやすいまちづくりを促してきたとし，今後は「地域における多文化共生」を第3の柱として，地域の国際化をいっそう推し進めていくことが求められていると述べられている。

　ところで，「地域における多文化共生」とは何を意味するのだろうか。先の総務省の通知文書には，「国籍や民族などの違う人々が，互いの文化的差異を認め合い，対等な関係を築こうとしながら，地域社会の構成員として共に生きていくような，多文化共生の地域づくり」と述べられている。また，先のプランでは，地域における多文化共生施策の基本的考え方として，①コ

＊1　本プランは，2006年3月総務省による「多文化共生の推進に関する研究会報告書
　　──地域における多文化共生の推進に向けて」に基づいていることを付記する。

＊2　旧自治省「地方公共団体における国際交流の在り方に関する指針」（1987），「国際
　　交流のまちづくりのための指針」（1988），および「地域国際交流推進大綱の策定に関
　　する指針」（1989）など。

ミュニケーション支援，②生活支援，③多文化共生の地域づくり，④多文化
共生の推進体制の整備，の 4 点が示されている。しかし，「人権」という観
点は直接的には含まれていない。

　本章でいう「人権」とは，三本松政之が第 1 章で述べている「デニズン
シップとしての生活権の実質化」を意味する。具体的には，「自国社会にお
ける権利主体として，また出身社会のアイデンティティや文化的背景を尊重
した上で，生活上の権利を有する」ことである。しかし，このプランで人権
に言及されている箇所は，「1．地域における多文化共生の意義」に，「地方
公共団体が多文化共生施策を推進することは，『国際人権規約』，『人種差別
撤廃条約』における外国人の人権尊重の趣旨に合致する」という部分のみで
あり，「地方公共団体が多文化共生施策を推進すること」イコール「人権保
障」であると述べられているに過ぎない。

　本章では，多文化共生という言葉が最初に用いられた神奈川県川崎市で実
践を積み重ねてきた社会福祉法人 青丘社 桜本保育園（以下，桜本保育園）
および青丘社の取り組みのプロセスを取り上げる。桜本保育園および青丘社
の取り組みを，デニズンシップとしての生活権の実質化のプロセスの一事例
ととらえ，外国にルーツをもつ子どもたちが安心して自分らしく生き，育つ
権利が保障されるために展開された地域における実践から，子どもの権利を
中心に据えた多文化福祉コミュニティ形成の実践原理を抽出し，考察するこ
とを目的とする。

　外国にルーツを持つ子どもたちは，保護者の社会経済的な状況の影響もあ
り，日本において十分な教育機会が得られず，進路選択も限られていること
が少なくない。地方自治体が多文化共生施策を推進する際に，実質的に子ど
もの権利（「児童の権利に関する条約」に規定される「生きる権利」「育つ権
利」「守られる権利」「参加する権利」）を担保する取り組みが含まれていな
ければ，表面的な文化理解，文化交流にとどまることが危惧される。彼らが
安定した生活を送るには，学校や地域のなかでいかに権利の主体として受け
入れられているのか，また，権利の主体となるための支援が得られているの
かが，きわめて重要である。そして，地域における多文化福祉コミュニティ

の実現には，意志を伴った意図的な取り組みが必要であり，その取り組みを展開していく際の実践原理を過去の苦闘からとらえることにより，実践の場で活かすことができるのではないかと考えている。

　なお，本稿では，特に限定的に用いる場合を除いて，南北朝鮮の国土，民族を表すのに「朝鮮」「朝鮮人」と表記する。

第 1 節　川崎市臨海部の歴史にみる外国人

　まず本節では，次節以降で取り上げる桜本保育園および青丘社が位置するおおひん地区（大島，桜本，浜町，池上町）と呼ばれる川崎市臨海部の歴史を概観する。

　川崎市は，戦前・戦後を通じて京浜工業地帯の中核として発展してきた都市であり，日本国内はもとより海外からも多くの人が移り住んできた歴史をもち，現在に至っている。2018年3月末時点で，全市人口（149万2,038人）の約2.6%（3万9,587人）が外国人住民登録者である。その出身国は，多い順に中国，韓国または朝鮮，フィリピン，ベトナム，ネパールとなっている。

　川崎の臨海部は京浜工業地帯に隣接し，在日朝鮮人が集住する地域として知られてきた。『川崎市史』（川崎市，1997）によれば，1910年の韓国併合以降，留学生や季節労働者の朝鮮人が急増し，京浜工業地帯として発展しつつあった川崎地域の南部には多数の朝鮮人が居住しており，1923年（関東大震災時）には約500人，その翌年1924年以降の増加が著しく，1935年には1,947人，1939年以降は特に男性が激増し5,343人，1945年11月には8,157人に増加していったことが記されている。

　1927年には南武鉄道（現，南武線の川崎～登戸間）が，多摩川の砂利を京浜地方へ運ぶことと，奥秩父のセメント原料を海岸埋め立て地のセメント工場に運ぶために開通した。多摩川の砂利は良質で，京浜地域の発展に伴い，また，関東大震災後の都市復興事業である道路，港湾，橋梁などの土木事業

の急激な発展に促されて空前の需要ブームに見舞われたという。当時の調査で砂利採取者は,「東京, 神奈川で1,500人, 家族を含めると5,000人が砂利採取で生活を営んでいた。その内, 神奈川県では8割が朝鮮人労働者で占めていた」という。しかし, 濫掘に対する問題が取り上げられ取り締まりが実施され, 失業者に対する職業相談所が開設されたが, 職業相談申し出数の65％は朝鮮人労働者が占めており,「砂利採取業の不安定性のなかに置かれていた」と記されている。

　また, 第二次世界大戦が始まった1939年秋から朝鮮人労働者の集団募集が始まり, 1942年2月以降は朝鮮総督府などによる「官斡旋」が主力となり, 1944年9月からは朝鮮人労務動員に対しても国民徴用令が適用され, いわゆる「強制連行」されたとみられることが記されている。他にも「訓練工」と呼ばれる朝鮮人がおり, 彼らは「朝鮮における鉄鋼生産の拡大のため, 朝鮮青年を日本の鉄鋼会社に派遣し, 熟練工とする計画を立てたことによって日本の製鋼会社に送られた者たち」であり,「学歴も高く, 民族意識も強かった」という。このように,「朝鮮人の存在は, 不足する労働力を補充するものとして戦時経済の継続に不可欠の存在」であったといえる。しかし, 受け入れ側には差別感と蔑視があり, 訓練工によるストライキ, 労働争議, 逃亡などがあったという。

　第二次世界大戦終戦後, 朝鮮人の多くは帰国事業により帰国したが, さまざまな事情で帰国できなかった（しなかった）多くの人々が, 日本に残留することとなった。当時の在日朝鮮人が置かれた状況について, 佐々木てるは「1947年の外国人登録令によってもともと日本帝国臣民であった在日朝鮮人は『当分の間外国人』となり, 1952年時点で『日本国籍を喪失し（もしくは剥奪され)』外国人となる。それに先立つ1945年には参政権が停止されている。おおよそ無権利状態から出発しているといえるだろう」(佐々木, 2014, p. 48) と述べている。そのようななかで, 川崎市臨海部は在日朝鮮人が寄り添って生活してきた地域である。

　川崎市では, 1970年代に革新市政が誕生したことにより, 公害問題や労働問題, 外国人の人権保障が積極的に取り組まれ, 1990年代には外国人市民代

表者会議を条例で設置するなど，外国人施策が先進的に進められていった。

第 2 節　川崎市の多文化共生保育・教育の展開

　第2節では，この地域で保育士をはじめとする社会福祉専門職，保育園・小学校の保護者，教員，地域の人々が創ってきた多文化共生保育・教育のプロセスを辿ってみる。

‖ 1．桜本保育園の多文化共生保育と川崎市の教育実践

1）問題の受け止め

　桜本保育園は，在日大韓基督教川崎教会が1969年に無認可保育園として開設し，日本人27名と在日朝鮮人7人の園児でスタートした（川崎市ふれあい館・桜本文化センター，2018，p. 77）。保育園の開設は，「（日本人を含む）地域の住民と接点を持ち，その保育活動を通して地域社会の人々の暮らしの中に見え隠れするさまざまな社会の矛盾と向き合うようになる」（山田，2007，p. 35：カッコ内は引用者）契機となった。また，川崎市の外国人市民施策について塚島順一は，川崎市外国人市民代表者会議調査研究委員会の事務局であった伊藤長和の言葉を引用し，「出発点は，在日大韓基督教川崎教会の李仁夏牧師による桜本保育園の開設（1969年）と，そこで行われた園児と保護者への本名を名乗る運動から始まった」（塚島，2016，p. 55）と記している。

　李仁夏牧師は，1959年に在日朝鮮人に対する差別が激しい時代に桜本にある在日大韓基督教会川崎教会に赴任し，国籍に関係なく入園できる桜本保育園を開園し，1973年に社会福祉法人青丘社を立ち上げた中心人物であり，自身の子どもの幼稚園の入園の際に壁があったことや，小学校の入学の際に日本人の保証人を求められた経験等を語っている（多民族共生人権センターHPより）。

　また，桜本保育園における本名を名乗る運動は，日立の就職差別闘争（以下，日立闘争）の影響を受けているという[*3]。1970年，愛知県の高校を卒

業した在日朝鮮人２世の朴鐘碩は，出生時から使用していた日本名で採用試験を受け，日立製作所の採用通知をもらいながら韓国籍であるため入社を取り消されるという就職差別事件が起こる。在日朝鮮人と日本人により，就職差別反対運動が４年にわたり取り組まれ，1974年勝訴した。その後，日立闘争に加わった在日朝鮮人，日本人有識者，学生たちの有志により，民族差別と戦う連絡協議会（以下，民闘連）が組織され，1973年に認可された社会福祉法人青丘社と民闘連が表裏一体となって運動を推進してきた（塚島，2016，p. 55）。在日朝鮮人の日本名は日本が植民地支配をしていた朝鮮に対して行った「創氏改名」に由来し，第二次世界大戦後に日本国籍を喪失し朝鮮古来の姓名制に戻ったが，日本で生活を続けることになった朝鮮人のなかには，差別のなかで生活をしていくには本名を隠し，日本名を使わざるを得なかった人々が多くいた。

　名前は，自分が何者かというアイデンティティそのものであり，在日朝鮮人が日本名を名乗るということは民族のアイデンティティを奪われることにつながる。桜本保育園では，日立闘争に参加していた保母（当時）たちが本名で働くようになり，「『本名を名のり，生きていくこどもたちを育てよう』と民族クラスを設置し，日本人のこどもは差別をしない，許さないこどもに育てようと民族保育を充実」（川崎市ふれあい館・桜本文化センター，2018，p. 77）させていった。

　しかし，「民族差別を直接経験してきた親は，それを子どもに二度と繰り返させたくなくて，子どもを『守る』ために日本名で育ててきた」のであり，「子どもが本名で生活することは，地域社会の中で家族全部が『在日』であることをさらすことになり，子どもだけではなく，親の意識を変えることが求められ」，子どもの名前を本名で呼ぶこと一つをとっても，定着するまでに時間を要した（山田，2007，p. 67）。毎月一度の保護者会で，園側の粘り強い説得と熱心かつ厳しい話し合いを続けるなかで，徐々に在日朝鮮人と

─────────────

＊3　社会福祉法人青丘社 桜本保育園園長 朴栄子氏および，社会福祉法人青丘社 事務局長 三浦知人氏へのインタビューによる（2018年11月12日，12月13日実施）。

日本人の保護者の心が開かれていったという。そして，「民族保育を柱に据えながら，民族差別が生み出す地域の実態を受け止める保育内容を模索し」，それとともに「親の厳しい生活の中で放置されているこども，障害のあるこどもの問題にも取り組み，保育の充実につとめ」（川崎市ふれあい館・桜本文化センター，2018，p. 77），地域のさまざまな状況にあるすべての子どもたち一人ひとりの人格や個性を育む保育が，現在の多文化保育や理由を問わない一時保育を契機とした外国籍子育て家庭の支援につながっている。

２）子どもたちの生活課題の可視化・共有化

　桜本保育園で学齢前の時期を過ごした後，学校に入学した子ども達をめぐる問題は深刻となり，「学力不振，進路に希望を見出せない朝鮮人のこどもが問題行動に走る，本名をいじめられ涙するこども，民族意識に目覚め自分の生き方に悩む青年。このような民族差別の現実を変えていくために，学童保育，桜本学園（韓国・朝鮮人と日本人青年による小中学校の子ども会）の取り組みはすすめられた」（川崎市ふれあい館・桜本文化センター，2018，p. 77：カッコ内は引用者）。

　そのようななかで，1982年，親，青年，教師がつながりを深め在日朝鮮人と日本人の市民グループにより「川崎在日韓国・朝鮮人教育をすすめる会」が結成されている。この会は，「在日韓国・朝鮮人の教育を受ける権利を認め，外国人市民として日本人と連帯して地域社会の創造に取り組むための『基本方針』を策定すべき」（川崎市ふれあい館・桜本文化センター，2018，p. 78）であると結成された。背景には，学校における厳しい民族差別があり，1975年に桜本保育園の父母たちで構成された「子どもを見守るオモニ（お母さんの意）の会」の母親たちと青丘社は学校に何度も足を運び，日本人教師に差別の現実を訴えたが変わらない状況があったという。

　「小中学校に民族差別があるかどうか」の確認から始められた対市教育委員会との交渉は２年半，19回に及び，毎回100名を超える参加者があり，子どもたちが受けている本名へのいじめ，民族差別の事例を訴えた。当時のやりとりは，「教育委員会側は『そのようなことはあってはならない。学校現

場に民族差別があるとは聞いていない』と主張する」（川崎市ふれあい館・桜本文化センター，2018，p. 78）というものであった（図5-1参照）。

　そして，「交渉を重ねる中で，教育委員会の理解も次第に深められ，『民族差別は過去の日本と韓国・朝鮮の歴史的な経過の中で生まれてきたものである』との共同認識に立ちいた」（川崎市ふれあい館・桜本文化センター，2018，p. 78）るというプロセスを経て，1985年4月「教育基本方針（試案）」が公表され，その後1年かけて関係機関で理解を深めていったという。

　このように，保護者と青丘社，教師および教育委員会による相互作用のプロセスのなかで，問題を受け止め，可視化し，共有し，解決の方法を模索していったことがうかがえる。

［資　料］1986年制定の「川崎市在日外国人教育基本方針—主として在日韓国・朝鮮人教育—」ができるまでの経緯

　1982年7月に，「在日韓国・朝鮮人教育をすすめる会」から，韓国・朝鮮人の子どもたちにとって，のびのびと育ち得ない環境が，社会の中や教育の中に存在しているとの提起がされました。

　川崎市教育委員会は，「人権を教育の基盤として考えている」また「学校において，韓国・朝鮮人を日本人と同様に扱っている」という考えを示しました。すると，「同じ教育ではだめなのだ」という応答がありましたが，その意味することを理解することができませんでした。

　「自分が韓国・朝鮮人であることが知られはしまいかと，いつもびくびくしている子どもの気持ちがわかるのか」「どんなに勉強しても，就職のときに大きな壁がある現実をどう考えているのか」など厳しい現実が語られ，在日韓国・朝鮮人のおかれている状況が日本人と違うことを理解せずして教育は成立しないという指摘でした。

　それから3年間にわたって，この問題についての話し合いが19回も続けられました。オモニ（母親）たちが切々と語る生い立ちにともに涙し，また，差別の現実に気づいていなかったことを指摘され愕然としました。人間の尊厳を基盤とする川崎の教育の中で克服しなければならない大きな課題でした。こうして，川崎市教育委員会は，1986年3月「川崎市在日外国人教育基本方針—主として在日韓国・朝鮮人教育—」を制定しました。平和を願い，あらゆる国の人たちと手を携えて「ともに生きる」ことが，これからの教育の中で心がけなければならない最も重要な課題のひとつと考えたからです。

図5-1　『かわさき外国人教育推進資料 Q&A　ともに生きる——多文化共生の社会をめざして』（川崎市教育委員会，2017年3月〈18版〉）

3）自治体における施策化

　以上のようなプロセスを経て1986年3月，「川崎市在日外国人教育基本方針──主として在日韓国・朝鮮人教育」（以下，「基本方針」とする）が教育委員会により制定された。現行の基本方針は，基本方針制定10年後の1996年に見直し作業のために，「外国人教育検討委員会」を設置し，約2年をかけ検討し改訂されたものであり，在日外国人をとりまく状況の変化を視野に入れ，サブタイトルも「多文化共生の社会をめざして」となっている。

　基本方針の冒頭には，「人権尊重としての教育」として，「差別を排除し，人権尊重の精神を貫くことは，人間が人間として生きるための不可欠な事柄であるとともに，民主主義社会を支える基本原理である。（中略）平和の実現と人権尊重の取組は，国としてはもとより，地域社会における人権文化の構築とも結びつけて考えていかなければならない時代となっており，そのために果たす教育の役割と責任はきわめて大きい」と述べられている。

　1997年には，基本方針に沿った多文化共生を目指す教育の一環として「民族文化講師ふれあい事業」が位置づけられ，川崎市内の公立小中学校において，年間平均55校で実施されている。その主旨は，「異文化を持つ外国人市民等に自分の文化を伝えるボランティア活動として依頼し，その外国人市民や異文化を持つ子どもたちが，自分の文化に対する自尊感情をもち，また，日本の子どもたちも異文化を理解し尊重すること」であり，「単に民族的な芸術・文化の鑑賞会を奨励するものではないことに留意する必要があ」ると記されている（川崎市教育委員会，2017，p. 17）。

　青丘社事務局長の三浦知人は，（たとえば）フィリピンの遊びを学校でやる，学校でそのような体験ができることの大切さ，「自分らしく生きる」ことを学校が取り組むこと，長く取り組むことの意味は大きいと語っている[*4]。そして川崎市では，民族文化講師ふれあい事業を行った学校を中心に，各学校の活動についての実践報告や情報交換をする多文化ふれあい交流

[*4]　社会福祉法人青丘社 事務局長　三浦知人氏へのインタビューによる（2018年11月12日実施）。

会が毎年開催されており，中学校教諭から「日本の文化にいかになじませようとしてきたか」という感想が語られるなど，この事業は児童生徒のみならず，教員の気づきの機会にもなっている[*5]。

　基本方針が策定されるまで，そして，その後の具体的な学校における事業の展開は，「子どもを成人と同様に，今ここに生きて―人権を有する―一個の人格とみる」（ベネット，2017，p. 95）ことにより，実現されていったといえるのではないだろうか。

2．どのように地域的共同性が構築されたのか

　現在，川崎市ふれあい館は，公設民営の施設として社会福祉法人青丘社が運営し，地域に根づき，さまざまな活動を展開しているが，ふれあい館開設に至るまでには地域コンフリクトを経験している。

　『川崎市ふれあい館30周年事業報告書』によれば，1973年に社会福祉法人として認可された青丘社は，川崎市の委託事業として保育園事業と留守家庭児事業を担い，1976年以来の小学生高学年部，中学生部，高校生部会を自前の取り組みとして実施するなかで，二つの大きな壁にぶつかっていったという。一つは，青丘社だけが子どもや親の問題を抱え込むばかりで，学校や生活の場でくり返される民族差別に対し，具体的に変えていく力を持てなかったこと（そのことが，「川崎在日韓国・朝鮮人教育をすすめる会」結成と，教育委員会交渉への原動力となったという）。もう一つは，施設・設備の不足，資金の不足であり，教会堂と保育園の間借り，夕方以降は小，中，高校生が曜日と時間をやりくりする状況であったという。そのようななかで1982年9月，地域の青少年が互いに民族を認めあい，民族差別を許さない自覚的活動と，社会的，文化的，経済的生活の向上を図ることを目指した青少年会館を桜本地区に立てることを要望した要望書を，川崎市に提出した。

[＊5]　川崎市教育委員会 総務部 人権・共生教育担当へのインタビューによる（2018年12月13日実施）。

　川崎市は，民生局（当時）を担当部署とし，青丘社と「桜本○○館設立研究協議会」を設置し，在日韓国・朝鮮人の歴史，桜本の地域形成史，他の自治体の取り組み状況など，地域が抱えるさまざまな問題について学習会を3年間にわたり積み重ねた。要望書が出されて3年後の1985年8月に会館構想の試案が策定され，公設民営，開かれた施設にするために住民から成る運営委員会の設置，こども文化センター機能，在日朝鮮人の高齢化に対応する老人福祉機能，全市を対象とした韓国・朝鮮の文化とのふれあいを図る拠点施設としての機能を併せもつことなどが打ち出され，1986年度予算で取り組むことが確認された。

　しかし，その後の5町内会説明会で強い反対に遭い，子ども会，母親クラブでも反対の声が上がり，建設は見送られることになった。市長宛ての公開質問状には，「在日韓国・朝鮮人のための施設となるのではないかという強い懸念を抱いている」とあり，現実とは違う（青丘社の利用者は日本人の子ども・親が3分の2以上を占めていた）誤解を解くために，三者協議（市，町内会，青丘社）を申し入れたが拒否されたという。事態は，新聞各社が指紋押捺問題をクローズアップし，在日朝鮮人をめぐる差別の実情がさまざまなかたちで報道される状況のなかで書かれた建設を支援する新聞記事の影響により，収束に向かった（川崎市ふれあい館・桜本文化センター，2018，p. 85）。

　最終的に地域住民，青丘社，川崎市の三者間で，「公設民営であること，地域住民代表，社会福祉法人青丘社，学識経験者，川崎市等から成る運営委員会の設置，ふれあい館，こども文化センターへ館長および職員2名（各1名ずつ）の市職員を派遣すること，青丘社理事会に市職員1名を派遣することなど」（川崎市ふれあい館・桜本文化センター，2018，p. 87）の内容で合意がなされ，1988年開館となった。館の設置目的は「日本人と韓国・朝鮮人を主とする在日外国人が，市民としてこどもからお年寄りまで相互のふれあいを進めることを目的として」おり，あくまでも地域の公的施設であり，国際交流施設ではないことが強調されている（川崎市ふれあい館・桜本文化センター，2018，p. 88）。

　そして今日では，表5-1に示したように，地域の課題に対応する形で子

表5-1　社会福祉法人青丘社 桜本保育園およびふれあい館の今日までの主な展開

1969	・在日大韓基督教会川崎教会が無認可の桜本保育園を開設（開設時の入園児は韓国・朝鮮人7人，日本人27人）。
1970	・日立闘争：愛知県の高校を卒業した在日韓国人2世の朴鐘碩さんが，日立製作所の採用通知をもらいながら韓国籍であるため入社を取り消されるという就職差別事件が起こる。在日韓国・朝鮮人と日本人により就職差別反対運動が4年にわたり取り組まれる。1974年勝訴。
1973 1974	・社会福祉法人 青丘社認可。 ・社会福祉法人 青丘社 桜本保育園となる。
     1976	・日立闘争に参加していた桜本保育園保母（当時）たちが保育園に民族クラスを設置。桜本保育園卒園児の小学校への本名入学者の増加。 ・保育園を卒園した子どもたちを見守るために，朝鮮人と日本人青年による小中学生のこども会，青丘社桜本学園，在日一世を対象とした識字教室，小学生低学年対象の学童保育を設立。これらの地域活動に多くの在日韓国・朝鮮人と日本人学生や青年がボランティアとして参加し取り組みを支える。 ・民間委託の学童保育事業受託「学童保育ロバの会」。
1980	・学校に入学した子どもたちをめぐる民族差別の問題は深刻で，1980年代から保育園とは独立した新しい施設の要求運動が始まる。
1982 6月	・「川崎在日韓国・朝鮮人教育をすすめる会」結成。「在日韓国・朝鮮人の教育を受ける権利を認め，外国人市民として日本人と連帯して地域社会の創造に取り組むための『基本方針』を策定すべきである」として結成された在日韓国・朝鮮人と日本人の市民グループであり，親，青年，教師のつながりを深め結成された。
1982 9月	・「青少年会館設立第一次統一要望書」を川崎市に提出。青丘社は，「この地域で，在日韓国・朝鮮人の生活の実態を見すえることのできない施策は，同じく厳しい生活と労働の実態におかれた日本人住民を見すえることができないという経験をふまえて，『地域の青少年の互いに民族を認め合い，民族差別を許さない自覚的活動と社会的，文化的，経済的生活の向上をはかることをめざした青少年会館』を桜本地区に建てる」ことを要望。
1984 6月	・①川崎市民生局が設置した研究協議会への各部局の参加，②青少年会館の早期実現と活動保障を要望する「第2次統一要望書」を提出。 ・青丘社法人認可10周年，桜本保育園創設15周年記念式典。
1988	・「ふれあい館」オープン。中学校区内に1つ設置する「こども文化センター」機能と，社会教育が実施できる「ふれあい館」機能を合築。館長および市職員2名の派遣と，他は青丘社に任せる形で運営。 ・学童保育「ロバの会」が桜本こども文化センターに併設となる。在日コリア

	ン系の子どもたちからなる「ケナリクラブ」，中学生部，高校生部，ボランティアを中心とした青年部等が館を拠点にして活動を展開。子どもの韓国・朝鮮の民族文化クラブ（チャンゴ，舞踊）開始。 ・教会が行っていた識字学級を館の社会教育事業のひとつとして継続展開。
1990	・青丘社職員の在日韓国人二世が館長となる。 ・「街づくり協議会」が地域に立ち上げられ，川崎地方自治研究センターとの協力で地域実態調査実施。 ・ふれあい館の独自事業として「民族文化講師ふれあい事業」開始。
1998	・在日コリアンの高齢者が食事会，健康体操，カラオケなどを楽しむ「トラジの会」発足。 ・フィリピン系の子どもたちからなる民族別「ダガットクラブ」が作られる。
2000 2001	・法人のパイロット事業が「ふれあい館高齢者相談事業」「ふれあい館高齢者交流事業」として市の委託事業に位置づけられる。 ・介護保険業者へと展開し，居宅支援，訪問介護事業所「ほっとライン」立ち上げ。
2003	・重度の重複障害をもつ青年のためのグループホーム（虹のホーム）の運営開始（法人の別事業）。 ・近隣4校のわくわくプラザ（放課後健全育成事業）の運営受託。
2004	・デイサービス開設（法人の別事業）。 ・「フリースペースほっと＆ほっとカフェ」開店（法人の別事業）。 ・「キッズスペースろば」（乳幼児および保護者が安心して利用できるスペースの提供）。 ・ニューカマーズの中学生の学習サポート開始（2008年度より学習サポート卒の高校生サポートにも取り組む）。
2006 2009	・障害者地域生活支援事業として「中高生障がい児タイムケア事業」を受託。 ・「指定管理者制度」となる（指定期間は5年間）。その後，2011年度〜2016年度，2016年度〜2019年度，公募・受託。 ・喫茶店を地域活動支援センターとして運営。
2012 2014 2016 2017	・2009年浜町に開設したデイサービスを桜本に移転して認知症対応型デイサービスに変更実施。 ・「川崎区翻訳・通訳バンク」事業開始。 ・市立川崎高校定時制で高校内居場所カフェ「ぽちっとカフェ」開始。 ・こども食堂（2018年5月から桜本保育園の地域交流スペースで実施）。 ・民族ルーツ別のこどものクラブ活動を改変し，「多文化こどもハロハロクラブ」創設

（「だれもが力いっぱい生きていくために——川崎市ふれあい館30周年事業報告書」〈川崎市ふれあい館・桜本文化センター，2018年〉より作成）

育て，障害者，高齢者，まちづくり，学習支援などさまざまな事業が展開され，スタッフも利用者も多国籍でまさに多文化共生の地域の施設となっている。（筆者が訪れた日，ふれあい館のフロアでは，地域住民が社交ダンスを楽しみ，乳幼児とその保護者がキッズスペースを利用していた。）

　社会福祉施設建設にあたって地域住民が反対し地域でコンフリクトが生じることは，現在においてもしばしば起こっている。三本松・庄司（1993, p. 174）は，「コンフリクトはただ回避し，予防されるべきものではない。それは克服され，新しい施設–地域関係の，さらにいえば施設をもそのなかに含み込んだ新しい福祉コミュニティを形成していくための重要な契機のひとつとして位置づけられるべきものなのである」と述べているが，ふれあい館建設をめぐる地域コンフリクトは，まさに，地域における重要な社会資源として根付き，多文化福祉コミュニティを形成していくための大きな契機のひとつであったといえるだろう。

第 **3** 節　青丘社の取り組みにみる多文化福祉コミュニティ形成の実践原理

　前節でみた社会福祉法人桜本保育園および青丘社の取り組みは，もともと在日朝鮮人の集住地域であり，市民運動や革新政権が背景にあったから可能となった特別な事例なのだろうか。本節では，第2節でみてきた社会福祉法人桜本保育園および青丘社の長期にわたる実践から，そこに通底する実践原理の整理を試みたい。桜本保育園および青丘社が現在の基盤を築いた1970年代，80年代とは，今日の外国人を取り巻く社会状況は大きく異なる。しかし，地域での実践における苦闘からの教訓を学び活かしていくことは，多文化福祉コミュニティの具現化への一歩であると考える。

1.「人権（子どもの権利）」を中心に据える

　青丘社の三浦は，「弱小な私たち市民団体が，なぜ40年前と同じことを繰り返さざるを得ないのか。日本社会が在日コリアンの差別に向き合って多文化施策を実現できていれば，新しく国境を越えた市民は，もう少し苦労せずに済んだのにと思う」（三浦，2018，p. 56）と述べ，日本社会でオールドカマーの人権問題が活かされてこなかったことを指摘している。つまり，日本社会は今日に至っても，外国にルーツをもつ人々の人権に，十分に向き合っていないということでもある。

　それは，原則として移民は受け入れないというこれまでの政府の方針に影響されるものであったかもしれないが，日本社会では，第2節でみた「川崎在日韓国・朝鮮人教育をすすめる会」と教育委員会とのやり取りにあったような「学校で差別はない，あってはならない」という建て前が現実を見えなくしてはいないだろうか。多くの日本人は，さまざまな権利を当然として与えられたものと捉えており，そもそも人権とは何なのか，それはどうすれば守られるのかなどについて教えられたことも考えたこともない，という人が多いのではないだろうか。

　そのようななかで，桜本保育園・青丘社では，当事者の思いを受けとめ，当事者と専門職者が協働することを通して，より人権にセンシティブになり，徹底して人権を基盤においた実践がなされてきた。そしてその実践は，マジョリティである日本人が，外国にルーツをもつ人々の人権を認識し，どうすれば共に生きていくことができるのかを考えるというものであり，そのような実践が「人権（子どもの権利）」を中心に据えるということであるといえよう。そして，この点は最も敷衍化されるべき点であると考える。

　また，“人権を尊重する”ということが，具体的にどのようなことであるか理解する必要もあろう。日本の児童養護施設などの社会的養護の場では，ほとんどの自治体で「子どもの権利ノート」が使用されている。これは，児童養護施設等で生活する子どもに配布される冊子であり，社会的養護の場で

保証される権利を伝え，権利が侵害されたときの解決方法などを明示したものである。日本でこの権利ノートが作成されるようになった背景のひとつに，1992年にカナダのトロント市の権利ノート，『カナダからのインフォメーション　レジデンシャル・ケアの児童とティーンエージャーのための手引き』（資生堂社会福祉財団）が翻訳され，紹介されたことがある。

　この冊子の具体的な内容をいくつか紹介しよう。「きみには，きみの文化的，宗教的，地域的な背景を尊重したサービスやケアを受ける権利があります」「きみには，きみの素質と能力に応じて教育を受ける権利があります」等々である。当時，筆者は小さな冊子を手にし，「権利」とは何なのかを具体的に理解したように感じたことを記憶している。特に，「家庭や他の子どもの所有物，近隣の財産を大切にすること」「他者のプライバシーを守ること」「他者の人種，皮膚の色，文化，宗教，障害等の差異を尊重すること」という項目については，他者を尊重することがお互いに権利を尊重し合うことにつながる，ということであると子どもたちに伝えられており，強く印象に残ったことを今も覚えている。そしてこれは，"人権を尊重する"という言葉に包含される真実であろう。人権を基盤とすると言ったとき，このことが広く共有されていくことが重要であるように思われる。その実現のために，学校教育が果たす役割も大きい。

　ベネット（2017，p.95）は，教育を成果の面からだけみるのではなく，結束力のある社会を創生するために与えられたひとつの機能とみるべきであり，就学前の保育と幼児教育の提供も包括的な社会を生み出す要と位置づけ，あらゆる背景の子どもたちが触れ合い，同等の，質の高い保育や教育を提供される場にしていくべきであると述べているが，このような観点からの就学前教育の場や学校のとらえ直しも必要である[6]。

　また，川崎市の教育現場における取り組みについて，「学校教育・社会教育の現場において，実践的に積み重ねがつづけられることによって，人権尊

＊6　近年では，大阪市住吉区にある公立小学校「大空小学校」の，「地域に開かれた」教育実践が注目されている。大空小学校の理念は，「すべての子どもの学習権を保障する」であり，映画『みんなの学校』として紹介されている。

重，差別・偏見の排除の意識が人々に徐々に浸透していくのであるが，これは市の姿勢が『基本方針』により明確化されたことによるところが大きい」（川崎市ふれあい館・桜本文化センター，2018，p. 80）とあるように，「人権（子どもの権利）」を中心に据えることをかたちにしていくことも必要であろう。

▌2．アイデンティティを保持できる環境を創る

　外国にルーツを持つ子どもたちのアイデンティティ形成には，母語教育を含めた支援が必要であることが指摘されている。アイデンティティは一般には「自我同一性」と訳されるが，噛み砕いていえば「自分らしさ」や「自分が何者であるか」を知り，他者（集団，共同体）に承認されることと言い換えることができる。さまざまなレベルの自分らしさの一つに人種や民族につながるアイデンティティがあり，言語意識と密接な関係をもつと言われる。

　桜本保育園の本名を名乗る運動は，外国にルーツをもつ子どもの自分らしさの一つとしてポジティブにとらえ，他者と共有していくことであった。桜本保育園では入園時面接で，「ルーツの名前で呼びませんか」と呼びかけをするという。2018年度の在園児は11カ国9言語に及び，2018年度の「多文化共生」に関する年間計画のねらいの筆頭には，「おともだちの文化に出会うことから『ありのまま』の自分を表現することの大切さをしる」とある。子どもたちのルーツの国の絵本が絵本棚に置かれ，保育参観のときに保護者に読んでもらったり，年長児の家庭の料理を聞いて調理の人が再現する，「行事食・虹色メニュー」を通して多文化の味に出会う機会がもたれている。ありのままでいられ，周りもオープンに受けとめることが，アイデンティティの確立につながっていくものであり，そのような環境づくりが求められよう。

　筆者らが調査（三本松，2014など）で訪れた韓国のNPO法人「青い人」（ソウル）と，民間社団法人「美しい家族づくり」（テグ）では，誰もが利用できる多文化（子ども）図書館を運営していた。図書館は，母親が童話や絵本を読み聞かせるオープンスペースや喫茶コーナーもあり，本を媒介に多様な

国の文化と人が出会える場所になっていた。「青い人」の代表ムン・ジョン・ソク氏は，母親が母国の童話などを読むことによって，母親が自尊心を取り戻し，子どもの母親を見る目が変わると話されていた。

　桜本保育園園長の朴栄子は，「子どもたちは一つの母国語を話されることで，『大切にされている，ここにいていい』と思える」*7と語ったが，「安心していられる居場所」があってはじめて，「ありのままの自分」を表出することができるのだ。

▌3．相互作用に基づく「臨床の知」によって立つ

　第2節でみてきた川崎市の多文化共生保育・教育につながるプロセスのなかで，きわめて重要であると思われるのは，桜本保育園で子どもの名前を本名で呼ぶことについて保護者と園側で話し合いが継続的になされてきたこと，「在日外国人教育基本方針」が策定されるに至る「川崎在日韓国・朝鮮人教育をすすめる会」と学校・教育委員会との話し合いが何回にも及び行われていること，川崎市ふれあい館構想が出されるまでの青丘社と川崎市市民生局との勉強会が回数を重ねて行われていることである。おそらくその前には，桜本保育園の保育士や青丘社の職員と子どもたちとの間でなされた数知れないやりとりがあったことが推察されるが，それらの相互作用を通して，時間をかけて間主観性（共同主観性）が構築されていったことである。

　中村雄二郎は，「臨床の知」は経験から多くを学ぶと述べているが，経験とは，「経験が真にその名に値するものになるのは，われわれがなにかの出来事に出会って，〈能動的に〉，〈身体をそなえた主体として〉，〈他者からの働きかけを受けとめながら〉，振舞うこと」（中村，1992, p. 63）と説明している。つまり，前節でみてきた川崎市における多文化共生保育・教育のプロセスは，「臨床の知」に依って立つ実践であったといえるのではないだろうか。

　三本松は第1章で，福祉コミュニティの具現化は，「課題の発見と問題提起を含んだ実践が起点となり，独自の活動のみならず課題の解決のための行政などの諸機関への働きかけや協働を含めた諸活動を通じ，生活課題を公共課題化し，制度の改善や新たな制度化に向けられていくものである」としている。第2節で詳述した，学校のなかでの民族差別の事実に耳を傾け問題提起し，保護者・学校・教育委員会等との協働を通して学校における民族差別を公共課題化し，「基本方針」を策定し，「民族文化講師ふれあい事業」の実施に至るみちのりは，多文化福祉コミュニティの具現化への道のりであり，「臨床の知」に依って立つ実践によって導かれている。

　中村は実践については，「各人が身を以ってする決断と選択を通して，隠された現実の諸相を引き出すことなのである」（中村，1992，p.70）と述べる。じかに会って話し合いを続け，お互いの思いをぶつけあい，不信感や偏見を解消しあいながら信頼関係を築き，主体を互いに引き受けあう「臨床の知」に依って立ち，決断と選択の結果，現実を引き出すという「実践」の積み重ねの先に，多文化福祉コミュニティ形成の可能性がみえてくる。

おわりに──人権を基盤とした多文化福祉コミュニティ形成に向けた課題

　本章では，主に外国にルーツをもつ子どもたちが安心して自分らしく生き，育つ権利が保障されるためにという観点から，川崎市桜本の保育・教育に関わる実践を整理することを通し，外国にルーツをもつ人々と関わる場における実践原理を抽出した。桜本保育園および青丘社の苦闘から，多文化福祉コミュニティ形成具現化のための教訓として，①人権（子どもの権利）を尊重するということが具体的にどのようなことなのかを理解したうえで人権（子どもの権利）を中心に据えること，人権（子どもの権利）を中心に据えることをかたちにすること，②保育園など就学前教育の場や学校を安心してありのままの自分でいられる場所にしていくこと，③じかに会って話し合い

を続け，お互いの思いをぶつけあい，不信感や偏見を解消しあいながら信頼関係を築き，主体を互いに引き受けあう「臨床の知」に依って立つことを述べた。

　しかし，子どもの生活に着目した場合，子どもの生活は親の生活に規定され，両者を切り離して考えることはできない。子どもの生活をトータルに考えるには，親の生活も含めた視点をもつことが欠かせない。第2節で取り上げた川崎市ふれあい館においても，ニューカマーズの母親支援は重要事項として位置づけられている（たとえば，識字学級における日本語の学習，子育て支援など）。三浦が「貧困や孤立の問題，精神的不安定さを抱える人の問題や若年母，虐待などの分野に外国にルーツのある人が多く存在している」（三浦，2018，p. 57）と述べるように，福祉的な生活課題を抱えるニューカマーズは少なくない。

　そのため，構造的な問題への視点は欠かせない。たとえば，日本語指導が必要な高校生の教育達成は優位に低いが，それはなぜなのかといった視点である。それは「子どもの貧困」問題と重なり，家族の子育てを社会関係のみではなく経済的にも支える仕組み，家族の状況にかかわらず青年期の自立を支える仕組みが必要であろう。

　青丘社がそうであったように，時間はかかるかもしれない。そして，青丘社が現在の基盤を築いた1970年代，80年代とは外国人を取り巻く社会状況は大きく異なる。現在との違いを踏まえつつも，地域での実践における苦闘から教訓を学び知恵とし，多文化福祉コミュニティ具現化の道しるべとしていくことが求められる。

コラム 5

パリの学校

●原　史子●

　パリ市内およびパリ郊外を舞台とし，移民の子どもたちを取り上げたフランスの映画は，近年多く制作されている（たとえば，『憎しみ』〈1995年〉，『奇跡の教室　受け継ぐものたちへ』〈2016年〉など）。移民の子どもたちが直面する貧困問題や教育問題は，近年のフランスにおける大きな社会問題であることがうかがえる。

　ここでは『パリ20区，僕たちのクラス』（2008年）を紹介する。映画のタイトルであるパリ20区は，20の行政区で構成されているパリ市東部に位置する。セーヌ川の北の地域にあり，多くの移民が定住する区であるという。映画の舞台は，その20区にある中学校である。生徒たちの出身国は，マリ，アルジェリア，モロッコ，アラブ，中国等々と多様であり，出身国も生い立ちも異なる24人の生徒と，担任である国語（フランス語）教師のフランソワとのやりとりが主に映し出される。実在するパリの中学校のドキュメンタリー映画かのように，教室，会議室，校長室，狭い校庭での生徒と教師のやりとりなどが淡々と切り取られ，移民の多いパリの公立中学校の様子を垣間見ているように感じられる。

　授業は，始業ベルから着席するまでに時間がかかり，私語はなかなかやまず，帽子も脱がず，フランソワが注意をすると文句を言いながらしぶしぶ従うという様子で，反抗的な生徒たちに手を焼いている。国語（フランス語）の授業では正しいフランス語を教えようとするが，文語に用いられる文法は使わないと反発する生徒，また，語尾活用を書くことのできない生徒など，学習レベルもバラバラであることがうかがえる。

　保護者面談における保護者の顔ぶれも多様で，名門の高校に進学させたいと望む母親からは，できる生徒に合わせた授業をやってほしいと要望され，アフリカ系移民の母親はフランス語がまったく通じず，同行した兄が通訳し，連絡帳もサインをするだけで読んでいなかったことが判明する。中国からの移民の母親は不

法滞在で逮捕され，強制送還の可能性も出てくるなど，生徒たちのさまざまな背景が垣間見られる。

　本作の最大のエピソードは，授業中のやりとりのなかで感情的になってしまったスレイマンという黒人の男子生徒が，フランソワの許可を得ないまま教室を出て行き，そのときの勢いでバッグが女子生徒の顔に直撃し，血を流すケガとなってしまった場面だ。懲罰会議を開催するかどうかについて教師たちが議論し，その結果，懲罰会議が開催される。出席者は校長，スレイマンと母親，保護者代表2名とフランソワを含む教師代表3名，生徒代表2名である。校長は担任のフランソワが書いた問題行動報告書を読み上げ，その後，スレイマンに言いたいことを話すよう促す。スレイマンは事件については何も語らず，母親は母語で家では

映画『パリ20区，僕たちのクラス』（原題：Entre les murs〈壁の内側〉©Haut et Court-France 2 Cinema）2008年公開，フランス映画，第61回カンヌ国際映画祭パルム・ドール受賞

良い子であると話し，出席者から通訳を求められスレイマンがフランス語に訳す。スレイマン自身は「何を言ってもムダ」と言うのみ。最終的に当事者親子以外の出席者による投票で，退学が決められた。母親の自分を褒める言葉を訳すスレイマンの気持ちと，「何を言ってもムダ」という言葉の奥にある気持ちを考えずにはいられなかった。そして，これで良いのだろうかという想いが湧いた。

　フランスの中学校の様子については，さまざまな場面で驚かされた。退学がめずらしくなさそうなこと（退学し自動的に転校が決まるという），懲罰会議に生徒代表が参加していたように，成績評価の会議にクラスの代表生徒2名が参加していること，職員会議のあり様，教師同士の関係などであるが，日本の学校を相対化させられる。

　この映画では教訓的なことは何も語られないが，出身国や人種など，異なった

背景や価値観を生きてきた者同士が共生することは簡単なことではなく，いかに難しいか，いかに時間がかかることなのか，感じざるを得ない。ぶつかりあい，さまざまな葛藤を抱えながらも試行錯誤し，お互いが変わっていくことによって一人ひとりが形成する社会が時間をかけて熟成していくのだろう。その意味では，さまざまな考えに触れる機会としての学校が，多様な背景をもつ子どもたちで形成されていることの意味を感じるが，より広い社会の枠組みを考えたときに，熟成には時間がかかるであろうことも痛感した。

　2019年4月には，移民家庭の子どもたちを扱った更なる作品である『12か月の未来図』が公開されている。監督のオリヴィエ・アヤシュ＝ヴィダルは，「画一的な教育モデルでは対応できない生徒たちに対して何ができるか，意見を交わす場を生み出したい」と述べている。これは，日本の教育現場でも同様であり，真摯に意見を交わしていくことが必要であろう。

「多文化コミュニティソーシャルワーク」実践——民間団体と地方自治体による外国人住民への生活支援からの展開

【門　美由紀】

はじめに

　国の方針が，外国人を単純労働力として受け入れる大きな変化を見せた2018年現在，すでに日本の各地には多数の外国籍，外国にルーツをもつ住民が地域に暮らしている。彼らのなかには，自身で，また日本人と共に，これまで権利獲得や生活保障に関わるさまざまな運動や取り組みを展開してきた人々がいる。このような外国人住民の増加や民間レベルの運動に呼応するかたちで，外国人住民への権利保障や生活支援を施策化する地方自治体もみられた。だが，外国人住民の権利保障や生活支援に関わる民間団体の実践や，地方自治体による施策は，公共私のセクターや児童・高齢・障がいといった対象別の領域などによって分断されがちで，外国人住民の生活の全体性，かつ一人ひとりのライフサイクルや，彼らを取り巻く環境を踏まえて展開されているとは言い難い。

　そうした課題認識を背景に，外国人住民の生活支援を行ってきた組織・機関・団体と，社会福祉領域において外国人住民の生活支援を行う組織・機関・団体の双方において，「多文化ソーシャルワーク」の必要性が認識されるようになり，講座・研修および研究会の実施，「多文化ソーシャルワーカー」の配置，多言語相談員との協働などの試みが各地でみられるようになってきている。

　本章ではまず，地域における民間団体および地方自治体による外国人住民への生活支援の展開を整理する。次に，日本で多文化ソーシャルワークの取

り組みが行われるようになった経緯と，その内容をまとめる。それらを踏ま
え，多文化福祉コミュニティの形成に向けては，「多文化コミュニティソー
シャルワーク」実践が必要となることを述べる。最後に，多文化コミュニ
ティソーシャルワークの課題と可能性を論じる。

　なお，本章では地域に暮らす外国人を，国籍や来日時期，在留資格にかか
わらず地域で生活を営んでいるという側面に焦点を当て，外国人住民と表記
する。また，民間団体とは主に，非営利組織やボランタリー組織を指すもの
とする。

第 1 節　外国人住民への生活支援の展開

1．オールドカマーの権利保障運動に始まる支援の展開
　　──神奈川県を中心に

1）オールドカマーの排除と差別に抗する運動

　第二次世界大戦後も日本にとどまり生活を営んできた，韓国・朝鮮籍を中
心とする「オールドカマー」が多く居住する地域，たとえば大阪府や神奈川
県において，地域における外国人住民の権利獲得と生活支援の取り組みが，
彼ら自身とその取り組みに賛同する日本人住民，地方自治体などにより展開
されてきた。

　1947年の「外国人登録令」（勅令207）により，台湾人および朝鮮人は外国
人とみなされ，1952年のサンフランシスコ講和条約発効に伴う「民事局長通
達」（民事甲438）で，旧植民地出身者は日本国籍を喪失し，国籍条項により
国民年金，国民健康保険が不適用となった。

　1965年の日韓国交正常化で，韓国籍者は永住資格取得が可能となった。こ
の時期，在日韓国人二世への就職差別を訴える裁判や，国民年金法の国籍要
件撤廃運動など，オールドカマーに対する差別や排除に対抗する運動が，

オールドカマーとその主張に賛同する日本人により展開された。

　1963年の統一地方自治体選挙での各都市における革新市長の誕生により，革新市政として独自の施策が展開されるようになったが，神奈川県および政令指定都市の神奈川県川崎市でも，革新県知事・市長となったのをひとつの契機に，在住外国人に対する生活支援施策を展開するようになった。川崎市では，国に先行する1975年に児童手当支給，市営住宅入居の国籍条項を撤廃した。神奈川県は国際交流課を設置し，外郭団体の神奈川県国際協会を1977年に設立した。

2）難民受け入れによる法改正と運動から生まれた「共生」という言葉

　1978年「ベトナム難民の定住に関する閣議了解」により国際人権規約批准（1979年），難民の地位に関する条約批准（1982年）が行われ，公営住宅，国民年金，児童手当などの国籍条項が撤廃された。だが，未加入期間の長かった在日一世は無年金となるなど，さまざまな課題が残された。1988年には，川崎市の在日韓国・朝鮮人が多く暮らす地域で民族差別をなくす市民運動が展開され，その活動のなかから設立された社会福祉法人青丘社が，街づくり拠点としての「ふれあい館」を市より受託運営することとなった。

　1990年代には，地方参政権の保障を要求する運動が展開された。また，高知県，神奈川県（1997年）ほか，複数の県，政令指定都市で，職員採用の国籍条項の一部撤廃が実現した。こうした一連の運動の展開のなかで，「共生」「多文化共生」という言葉が現れた（金，2011；田村，2000）。

3）「ニューカマー」の増加と多様な民間団体の立ち上げ

　1980年代前後より，インドシナ難民の受け入れや，1983年の留学生10万人計画，日本の経済好況に伴う労働力需要を背景に，多くの外国人が来日，居住するようになった。彼らは在日韓国・朝鮮人など「オールドカマー」に対し，「ニューカマー」と呼ばれた。日本文化紹介・国際交流を行う団体，日本語ボランティア団体が各地で設立された。一方で，非正規滞在の労働者に対する不当解雇への対応を行う組合（神奈川シティユニオン1984年結成）の

設立や，健康保険未加入の外国人を対象とした会費制の支援の仕組み（みなとまち健康互助会・MF―MASH，1991年），DV被害や人身売買などの被害にあった外国人女性を支援するシェルター（かながわ女のスペースみずら，1990年）なども立ち上げられてきた。

4）地方自治体による取り組み

「内なる国際化」を掲げる地方自治体では，1990年代には職員採用の国籍条項の一部撤廃（大阪府大阪市，神奈川県川崎市），外国にルーツをもつ子どもの差別解消を目的とする方針の策定（神奈川県，神奈川県横浜市），外国人市民会議の設置（神奈川県，神奈川県川崎市，東京都）などが行われた。

阪神・淡路大震災（1995年）を契機に，外国人住民に対する情報提供の重要性が認識され，多言語による生活情報提供や情報誌発行が充実していった。2000年前後より，多文化共生に関わる行動計画や指針の策定（宮城県仙台市1999年，神奈川県川崎市2005年など），多言語広報や情報提供に関する規定や指針の策定（神奈川県，神奈川県横浜市など）を行う地方自治体がみられるようになり，具体的施策が進展した。

5）協働による専門的生活支援システムの構築

ニューカマー外国人住民の滞在長期化に伴い，ライフサイクルのさまざまな時期における生活支援ニーズが顕在化し，2000年代には子育て，医療，住まいに関わる生活支援ニーズへの対応の必要性を，ボランティアや外国人住民が実感するようになった。2001年には神奈川県・不動産業界・民族団体・ボランタリー組織などが協力して，NPO法人かながわ外国人すまいサポートセンターを設立した。さらに2002年には，医療通訳団体のNPO法人多言語社会リリースかながわ（MICかながわ）が設立され，神奈川県との協働による医療通訳システムが構築された。

6）生活課題への専門的対応の必要性

　1990年代以降，地方自治体や民間団体が実施する多言語相談事業の数は増加をみせた。日本語ボランティアや学習支援ボランティアが支援の場で，外国人住民・児童やその家族から生活に関わる相談を受ける機会も増えていった。そうしたなかで，誰がどこまで相談を受けるのがよいのか，相談対応の方法はこれでよかったのか，複雑化した課題をどのようにしたらよいのかなど，さまざまなためらいや疑問がボランティアや支援者のなかに広がり，利用可能な社会資源や制度などについての知識や支援技術への関心およびニーズが，高まりをみせた。国際交流協会やボランティア団体は，外国人住民の生活実態調査や，外国人支援に関連する講座を企画・実施するようになった。

　こうして外国人住民への支援にあたっては，生活領域における専門的対応が必要であるとの認識が，徐々に広がっていった。その結果が，先述したすまいサポートセンターや，MIC かながわの設立背景ともなっている。また，神奈川県が設置し，県内 NGO スタッフなどが構成員となる「NGO かながわ国際協力会議」では，「外国籍住民の相談役・推進役としての人材（多文化ソーシャルワーカー）の育成の必要性」の提言がなされ，県が「神奈川県総合計画『神奈川力構想』の戦略プロジェクト23」（2007年）に，3カ年の人材育成計画を位置づけた（かながわ国際交流財団，2011：門，2016）。

7）生活支援の展開にみる民間団体，地方自治体による取り組みの課題

　以上から，これまでオールドカマーの抱える生活課題解消に向けた民間団体，地方自治体レベルでのさまざまな取り組みが行われてきたこと，それにもかかわらずニューカマーもまた，地域で暮らすなかでさまざまな生活課題を抱えてきたという事実がうかがえる。

　三本松はかつて，「生活のなかから生じるさまざまなニーズに基づく生活課題にたいして，関係諸主体が当事者の立場に立って理解し解決に取り組むという臨床的な視点と，また当事者自身による生活課題の解決の取り組みへ

の関わりとが重要であると考え，このような生活課題の解決へのアプローチ
の仕方を臨床福祉的アプローチと呼ぶ」（門・三本松，2006，p. 118）こととし
た。民間団体の活動展開は，こうした臨床福祉アプローチと呼べるものであ
り，地域に暮らす外国人を「外国籍住民」，すなわち外国籍ではあるが地域
に暮らす住民，生活者としてとらえ，生活を営むなかで生じる生活支援への
対応の必要性を顕在化させてきた。自治体もまた，その状況を認識し，種々
の対応策を講じてきたといえる。だが，見方を変えるならば，それは国レベ
ルでの受け入れ政策が不在であるがゆえに，顕在化する外国人住民の生活課
題に自治体や地域レベルで都度対応せざるを得なかったということでもあ
り，そうした対応の仕方は根本的な問題解決となるものではなく，限界もあ
るといえる。

2．ニューカマー集住地域での課題の顕在化

1）日系人の定住化と生活課題への対応

　自動車・電機産業などの集積する地方都市では，1990年代に多くの日系ブ
ラジル人，日系ペルー人が，人材派遣業者を経由し第2次，第3次下請け工
場などで働くようになった。国レベルの移民政策は不在のまま，経済の好況
期が過ぎたのちも，外国人住民の集住と滞在の長期化は一定程度の継続をみ
せ，自宅購入，町内会加入といった定住化傾向を示す外国人住民が現れるよ
うになった。また，外国人住民の生活支援ニーズの顕在化に対応するかたち
で，地域住民や外国人住民自身によるさまざまな取り組みがなされるように
なった。具体的には，宗教施設や食材・衣料などのエスニックショップの増
加，ポルトガル語などによる情報誌の発行，ブラジル人学校の設立，言語対
応や両親の勤務形態に応じた民間保育所の設立，自助グループやNPO法人
の設立などである。

　これらの地方都市の市町が，2001年に外国人集住都市会議を開催するよう
になった。参加自治体が，外国人労働者の増加と滞在の長期化に伴い，彼ら
を地域における生活者と位置づけての施策を展開する過程で，地方自治体レ

ベルでの対応には限界があることが明らかになった。そこで，外国人集住都市会議は国に対し，外国人受け入れ体制整備の必要性を提言した。具体的には教育，言語，社会保障，労働，また課題の包括的な把握と対応のための外国人庁設置（仮称）などである。

　外国人集住都市においては，ただ国に移民政策の必要性を提起していたわけではなく，顕在化する外国人労働者の生活支援ニーズに対するさまざまな取り組みを模索していた。たとえば愛知県では，多文化ソーシャルワーカー養成・活用事業が2006年度より展開され，県の外郭団体である公益財団法人愛知県国際交流協会に多文化ソーシャルワーカーを3名配置，クライエントへの個別支援が行われるようになった（石河，2011，p. 188）。だが，こうした取り組みが同時に，地方自治体レベルで外国人住民への生活支援体制を整備することの人的・予算的な難しさを，改めて認識させることにもなった。

２）民間による活動の不安定性と地方自治体による対応の限界

　2008年秋の世界的規模の金融危機（リーマンショック）は日本の工業にも大きな打撃を与え，生産規模の縮小は，下請け工場で働く外国人住民の派遣契約終了や契約期間の短期化，時給切り下げなど深刻な影響を及ぼした。外国人集住都市会議は「外国人集住都市会議おおた2009緊急宣言」（2009年11月），「多文化共生社会の推進に関する提言書」（2011年7月）を出した。

　他方で内閣府も，2009年1月に定住外国人施策推進室を設置，2010年8月に「日系定住外国人に対する基本指針」，2011年3月に行動計画を策定している。

　2008年秋以降，解雇された外国人労働者にはさまざまな生活課題が顕在化した。住まい（失業による請負業者提供アパートからの退去，住宅ローン支払い困難等），教育（ブラジル人学校学費支払い困難による退学等），社会資源の減少（大量帰国によるエスニックショップや保育所の閉鎖等），健康状態悪化などである。その後，外国人労働者の減少した自治体は，外国人集住都市会議から離脱したり，多文化共生政策の方針転換や事業規模の縮小を行うなど，定住化する外国人の生活課題への対応は不十分なものとなった。

　地方自治体が外国人労働者の減少に伴い，多文化共生関連施策を縮小させていくなか，活動の担い手である外国人住民自身もまた，労働環境の変化などに伴い，継続的かつ積極的な活動展開を行うことが難しい状況にもなった。だが，岐阜県美濃加茂市のブラジル友の会のように，リーマンショック時に外国人住民の情報不足への対応として情報提供事業の充実を行ったり，2011年の東日本大震災時に日系ブラジル人による翻訳サポートや物資提供を行うなど，その時々に顕在化する生活支援ニーズに対応するための事業を継続・展開する団体もみられる。

3）集住地域にみられる「不安定定住」状況への対応の難しさ

　以上のように，集住地域において日系ブラジル人たちの生活基盤はきわめて不安定であり，景気動向により職を失ったり帰国を余儀なくされるなど，これまで築いてきた生活の継続が困難になりやすい側面がみられた。こうした「不安定定住」（朝倉, 2009）の状況への地方自治体の取り組みは，景気の変動による労働力需要の増減や，工場の閉鎖や移転などにも大きく左右されることが以上より明らかである。

　経済変動に伴う労働力需要の増減と，それに振り回されざるを得ない外国人住民への対応にはやはり，国レベルでの統合的な移民政策が必要であり，それを基盤とした地域特性に応じた取り組みを通して，安定定住の実現を図る必要がある。

第2節　複合的生活課題への対応としての「多文化ソーシャルワーク」の取り組み

1．多文化ソーシャルワークの取り組み主体

外国人住民に対する民間団体の活動と地方自治体の取り組みが展開される

　なか，地域レベルでの外国人住民への生活支援の具体的内容はしだいに多様化と深まりをみせ，多様かつ複合的な生活課題に対応するには相談援助の知識や技術が必要との認識が高まっていった。その結果，相談援助技術としてのソーシャルワークや，相談援助専門職としてのソーシャルワーカーが着目されるようになり，「多文化ソーシャルワーク」の検討や講座・研修の実施，「多文化ソーシャルワーカー」の配置など，多文化ソーシャルワークを掲げた取り組みが，各地でさまざまに取り組まれるようになっていった。

　多文化ソーシャルワークに関わる講座・研修の内容は，外国人住民の来日背景や文化，生活課題の特徴，利用可能な社会保障，社会制度についての知識，地域福祉の視点から見る多文化共生といった講義を中心に，グループワークなどによる面接等の対応練習を適宜含んだものとなっている。回数も，単発から複数回にわたり実施するものまでさまざまである。その実施主体は，大きく社会福祉士会，国際交流協会，地方自治体の国際課に分けられる。社会福祉士会は社会福祉士が任意で登録する専門職団体で，全国と各都道府県単位の組織があり，それぞれ活動を行っている。多文化関連の委員会を設置したり事業を行う社会福祉士会も，複数存在する。また，各都道府県，市町村等にある「国際交流協会」などの名称をもつ団体には，地方自治体の外郭団体が多く，国際交流，国際協力，多文化共生に関わる各種事業を行っている。

　以上を踏まえ，次項では，先にみてきた愛知県をはじめとする日系ブラジル人の集住地域，オールドカマーやインドシナ難民などを外国籍住民として位置づけ，民間・行政が支援の取り組みを展開してきた神奈川県，さらに，近年外国人住民の数が増えつつあるが，県全域にさまざまな背景を持つ外国人住民が暮らす埼玉県について，多文化ソーシャルワークの取り組み状況をまとめ，その特徴を考察する。

▍2．各地域での多文化ソーシャルワークの取り組み

1）日系ブラジル人の集住地域における取り組み──愛知県を中心に

　愛知県，群馬県，栃木県，静岡県浜松市といった，工場などでの労働力需要を背景とする外国人集住地域においては，多文化ソーシャルワーク研修を企画・実施するケースが多い。先に触れたように，愛知県では県国際課が県国際交流協会に委託し，多文化ソーシャルワーカーの養成・活用事業を実施し，県国際交流協会に 3 名配置，のちに事業を2012年に協会に移管している。愛知県では，社会福祉士会による研修なども実施されている。

　日系ブラジル人の集住地域での取り組みとしては他に，群馬県では県国際課が一般社団法人群馬県社会福祉士会と共に，社会福祉士，精神保健福祉士，それに準じる者を対象とする講座を実施している（2008年度など）。また，県社会福祉士会には，多文化共生ソーシャルワーカー委員会が設置されている。他にも，群馬県と群馬大学との共同プロジェクトにより「"多文化共生の視点に立って，地域課題を解決し，地域活性化を図る人材"として群馬大学が養成し，群馬県が認定する」多文化共生推進士の育成が，2010（平成22）年度から2016（平成28）年度まで行われ，19名が認定されている（群馬県 HP より）。

　これらのうち，愛知県のように研修実施を経て多文化ソーシャルワーカーを配置する方式は，研修後の雇用の場の確保（数名），専門的対応の実現，当事者のエンパワメント，問題の複雑化の防止といったメリットがみられる一方，県全域と対象地域が広いことから，現状の配置人数では十分なアウトリーチが困難といったデメリットがみられる。

2）外国籍住民として位置づけての取り組みの展開──神奈川県

　オールドカマーやインドシナ難民などを外国籍住民として位置づけ，民間団体や行政がさまざまな取り組みを展開してきた神奈川県においては，公益財団法人かながわ国際交流財団が，神奈川県国際課の委託による多文化ソー

シャルワーク関連の講座を2008年度から2016年度まで実施していた。

　研修講座開催のメリットとしては，「柔軟なテーマ設定，講師（当事者・支援者）のエンパワメント，グループワーク重視，“多文化”“ソーシャルワーク”それぞれの専門家の出会い」などが，アンケート結果や検討委員会での振り返りからうかがえる（鶴田，2015）。一方でデメリットとしては，「講座終了後のネットワーク形成，維持の困難」などがみられる。その補完として，かながわ国際交流財団に研修事業を委託していた神奈川県国際課は，研修で形成されたネットワークの維持や情報提供を目的とするメーリングリストの管理運営や，参加者を中心対象としたブラッシュアップのための講座を行っていた。

　その他，公益社団法人神奈川県社会福祉士会は，研究会および，認定社会福祉士認証研修として多文化ソーシャルワーク研修を実施している。

３）さまざまな背景をもつ外国人住民が分散して暮らす地域での 取り組み──埼玉県

　埼玉県に暮らす外国人住民の特徴は，その人口の多さと，国籍，来日目的の多様性にある。2018年6月末時点で173,887人（全国で5位），人口の2.38％を占め，160の国および地域から来日しており，中国（台湾を除く），ベトナム，フィリピン，韓国，ブラジルの順にその数は多い。

　公益社団法人埼玉県社会福祉士会（以下，埼玉県社会福祉士会）では，日本社会福祉士会の研修に参加した会員複数名が，県社会福祉士会内に多文化共生ソーシャルワーク研究会（現在は委員会）を立ち上げ，隔月の勉強会や，年に一度の公開研修にはじまり，フィールドワークや外部関係団体とのネットワーキングを通した公益財団法人埼玉県国際交流協会（以下，埼玉県国際交流協会）との関係づくりと事業受託へと，活動の幅を広げている。

　埼玉県国際交流協会は多文化ソーシャルワークを検討する事業を2年間実施し，その後2014年度から，多言語相談事業（外国人総合相談センター埼玉）において月に一度，社会福祉士による面接相談を実施している。さらに2019年度からは即応性の向上のため，センター運営時間中に随時，社会福祉

士による電話対応を行える体制を整え，必要に応じ面接を実施する形をとっている。

　埼玉県社会福祉士会の取り組みは，勉強会や研修を通して，各領域で活動する社会福祉士をはじめ，弁護士，行政書士，自治体国際課職員，ボランティア団体メンバー，外国人住民当事者など，多様な参加者とのネットワーキングを行っている点が特徴的である。メリットとしては，定期的な勉強会実施により顔の見える関係が促進され，外国人住民への生活支援事例を関係者間で共有し連携協力できるようになったこと，多職種が集うことでソーシャルワーク・多文化・各専門性に対する相互理解が進展したことが挙げられる。だが，定常的な相談対応の場をもたないため，迅速な対応ができないこともある。

　一方，埼玉県国際交流協会が県から受託運営している多言語相談事業では，英語・中国語・スペイン語・ポルトガル語のスタッフ，さらに4言語を加えた計8言語とやさしい日本語での対応が可能な体制を取っており，一定の即応性がみられるものの，複雑な生活課題への福祉的対応を充実させていく必要性が高まったことから，埼玉県社会福祉士会との連携を行うに至った。

▌3．多文化ソーシャルワークのさまざまな展開──国の政策不在のなかでのニーズ対応の模索

　以上の3地域では，外国人の滞在の背景や目的と，それに伴う生活支援ニーズの出現の仕方および居住の分布，外国人支援を行う民間団体の数や成熟度，地方自治体の取り組みに対する関心度合いなど，さまざまな要因が多文化ソーシャルワークに関わる取り組みの展開に違いをみせている。多文化ソーシャルワークの取り組みは，国レベルでの移民政策が不在のなか，地域の諸条件による規定を受けつつも，外国人住民の長期滞在・定住化が進むにつれ明らかになってきた生活課題に対応するために，各地で支援の形を模索し形成されてきた。

　たとえば愛知県などでは景気の悪化が，派遣先の工場などでの仕事や請負業者から提供されている住居の喪失など，複数の問題を引き起こし，外国人住民の生活基盤の脆弱性をあらわにした。多文化に配慮した支援が必要とされる切実な状況が，多文化ソーシャルワーカーの配置という具体的な体制実現に至った大きな要因のひとつとして考えられる。

　神奈川県はオールドカマーや難民，中国帰国者に対する取り組みの経緯から，地域に暮らす外国人を「外国籍住民」として位置づけ，支援者や当事者からの提言を受け，支援の取り組みを行ってきたという経緯がみられる。

　埼玉県では，埼玉県社会福祉士会の複数の会員が日本社会福祉士会の研修を受講し，それをきっかけに県内の多文化に目を向けるようになり，すでに取り組みを行ってきた民間団体や国際交流協会といった社会資源とのつながりを作りつつ，共に仕組みづくりを模索することとなった。その際には，先行地域としての愛知県，神奈川県からさまざまな取り組み事例を学びつつ，取り入れている（埼玉県国際交流協会．2015）。

　次に取り組み主体別でみると，社会福祉士会による多文化ソーシャルワークの取り組みは，研修型が多くみられる。また，研修や委員会活動を通してネットワークが形成されていることがうかがわれる。国際交流協会もまた，多くが研修型を取っている。愛知県のようにソーシャルワーカー配置による対応を実施しているところもある。一方，社会福祉法でその目的を「地域福祉の推進を図ること」とする社会福祉協議会で，現在多文化共生に関する事業を行っているところは，社会福祉法人鈴鹿市社会福祉協議会[*1]など，その数は少ない。

　現状では，多文化ソーシャルワークに関わる取り組みは，特定地域のみでの試みに過ぎないこと，当事者でもある外国人住民が関わっているケースがまだ少ないこと，研修等事業の実施が数年間で打ち切られがちであることな

[*1]　平成27年度までの第2次鈴鹿市地域福祉活動計画では，多文化共生の取り組みの推進を目的に，鈴鹿市の多文化共生の諸問題を国籍を問わず皆で話し合い企画し実行するグループ，「鈴とも」が結成され，定例会，アンケート実施，介護ヘルパー教室，国際交流サロンなどが実施された。

ど，多くの課題がみられる（石河，2012；鶴田，2015；門，2016）。そこには，国レベルでの移民政策の不在により，日本に暮らす外国人住民の生活を支えるための基盤となる，国レベルの統合的な政策制度がいまだないこと，そのために専門職を養成・配置する方針・予算もないという現実がある。地域特性に応じた形での取り組みの展開はもちろんであるが，国レベルでの方針策定と予算化による基盤作りもまた必要である。

▋4．多文化ソーシャルワークの必要性についての言及

1）国レベルでの指摘

とはいえ，国レベルでも「多文化ソーシャルワーカー」の必要性はすでに指摘されてきた。総務省（2006）は『多文化共生の推進に関する研究会報告書』において，「生活支援において今後必要な取組－その他」として，専門性の高い相談体制の整備と人材育成にあたっては「『多文化ソーシャルワーカー』の育成に関心が集まっているが，より専門性の高い相談業務を行う能力を有する人材の育成が必要」とされていること，「相談員として，外国人住民を活用することも効果的である」と述べている。

また，福祉領域においては，旧厚生省社会・援護局（2000）の『『社会的な援護を要する人々に対する社会福祉のあり方に関する検討会」報告書』が，貧困や失業問題は，外国人労働者や中国残留孤児などの社会的排除や文化的摩擦を伴う問題としても現れていることを指摘し，新たな福祉課題として取り上げていた。そして，社会的なつながりを創出するための方法のひとつとして，「外国人に対するワンストップサービスのような総合サービス機能」設置を挙げ，行政実施主体の取り組みにおいては「個性を尊重し，異なる文化を受容する地域社会づくりのために，外国人や孤立した人々をも視野に入れた情報提供や都市部における地域福祉・コミュニティワークの開発」が期待されること，さらには人材養成における福祉人材の姿勢として「外国人等の地域での生活のために，異文化を受容する姿勢」が必要と指摘していた。

このように，総務省は多文化ソーシャルワーカーの必要性とその人材育成

（外国人住民の活用を含む）を，旧厚生省はワンストップサービスや地域福祉・コミュニティワークの開発，異文化を受容する姿勢について，それぞれ言及している。ここから，外国人住民への生活支援における課題として，支援機関とその機能，人材育成とその活用を挙げることができる。

２）多文化ソーシャルワークとその範囲

　これまで述べてきた多文化ソーシャルワークであるが，その定義はどのようになっているのか。

　石河久美子は多文化ソーシャルワークを，①多様な文化的背景を持つクライエントに対する，②クライエントとワーカーが異なる文化に属する援助関係において行われる，③クライエントが自分の文化と異なる環境に移住，生活することによって生じる心理的・社会的問題に対応するソーシャルワークと定義する（石河，2012，p. 13）。すなわち，多文化ソーシャルワークを展開する対象は「多様な文化的背景を持つクライエント」，展開される場での関係性は「異なる文化に属する援助関係」，対応を必要とする問題は「移住生活に伴う心理的・社会的問題」と整理できる。

　この定義は簡潔かつ明確であり，現在の日本の外国人相談窓口などにおける，ミクロレベルを中心としたケースワーク的対応と照らし合わせても，納得できるものといえよう。なお②については，支援者の多くが日本文化を背景とするのが現状であるが，その逆のケース，支援者と相談者が日本以外の同じ文化的背景をもつケース，日本以外の異なる文化をもつ者同士の支援-被支援関係もありうる。

　この多文化ソーシャルワークの定義を踏まえたうえで，次節では，これまで述べてきた地域での民間団体や地方自治体によるさまざまな取り組みの歴史を改めて位置づけなおし，メゾレベル，マクロレベルも視野に入れた検討を行う。

第3節 「多文化ソーシャルワーク」から「多文化コミュニティソーシャルワーク」実践へのとらえなおし

1. コミュニティソーシャルワークとしての位置づけなおし

　社会福祉領域では，2000年に社会福祉法で地域福祉の推進が明記されて以来，「コミュニティソーシャルワーク」（以下，CSW）への関心が高まっている。各自治体では現在，コミュニティソーシャルワークと位置づけてのさまざまな取り組みが展開されている。たとえば大阪府ではCSWを「イギリスにおいて提案されたコミュニティに焦点をあてた社会福祉活動・業務の進め方で，地域において，支援を必要とする人々の生活圏や人間関係等環境面を重視した援助を行うとともに，地域を基盤とする支援活動を発見して支援を必要とする人に結びつけたり，新たなサービスを開発したり，公的制度との関係を調整したりすることをめざすもの」（大阪府HPより）と位置づけ，2004年度から地域における見守り・発見・相談・つなぎの機能を担うCSWの配置を，中学校区単位で行っている。

　外国人住民への生活支援にも，こうした個別支援とコミュニティを基盤とする支援の仕組みづくりの双方が必要ではないか。だがその際に，「コミュニティ」＝「生活圏としての地域」で十分なのだろうか。一人ひとりの個別の生活支援ニーズの背景にある政策・制度的対応の不在や，支援を展開するためのネットワークの不在もしくは脆弱さに対し，民間団体は課題の改善，解消に向けた支援や地方自治体への提言といった活動を行い，地方自治体はニーズに対応するための制度的対応や条例・指針の策定を行ってきた。

　外国人住民は，トランスナショナルな移動を経験し，家族や親族は母国を含む日本とは異なる国に居住していることも多い。だが，外国人住民自身は今，帰国を前提としているか否かにかかわらず，日本，さらにいうならば，

地域で日々生活を営んでいる。そして民間団体は，日々の生活のなかで生じる外国人住民の生活支援ニーズの軽減や解消を目指し，政策・制度・援助といった多岐にわたるレベルに対し，さまざまに働きかけてきた。その結果としての，権利保障，生活支援関連施策の実現や，それに伴う多文化共生関連事業の民間委託も各地でみられる。外国人住民への生活支援を考えていくにあたって支援者は，こうした民間団体の実践を踏まえると同時に，外国人住民が暮らし日々活動を行う地域をはじめ，多様なコミュニティに焦点を当てていくことが欠かせない。

　トランスナショナルな移住により日本に暮らす外国人住民にとっては，地域や国を越えて存在する「（出身国・民族・文化・言語・宗教等を背景とする）エスニックコミュニティ」もまた，重要な「コミュニティ」の一つに位置づけられる。多文化の背景をもつ者（日本人を含む）や，文化的多様性に関心や理解をもつ者で集い構成する「多文化コミュニティ」もありうる。これらは，共同性に比重を置く「コミュニティ」といえるだろう。外国人住民が日本で生活を送る際には，こうした複数の「コミュニティ」がさまざまに重なりあい，必要に応じさまざまな社会資源を活用することが考えられる。

　そのことを念頭に置いて先の大阪府の定義を援用するならば，多文化福祉コミュニティの形成には，「支援を必要とする人々の生活圏や人間関係等環境面を重視した援助を行うとともに，コミュニティを基盤とする支援活動を発見して支援を必要とする人に結びつけたり，新たなサービスを開発したり，地域レベルや国レベルにおける公的制度との関係を調整したりすることをめざ（下線部筆者加筆・改変）」すことが必要と考える。

2．多文化コミュニティソーシャルワークの定義

　ここまでの，外国人住民に対する各地での民間団体や地方自治体による活動と，多文化ソーシャルワークの取り組みや定義，そして大阪府のコミュニティソーシャルワークの定義を踏まえ，多文化コミュニティソーシャルワークを次のように定義する。

　多文化コミュニティソーシャルワークとは，地域・エスニック・多文化といった複層的なコミュニティを基盤に，一人ひとりを取り巻く環境を重視した支援を行うものである。その際に，多様な主体による支援活動やサービスの発見と新たな開発によりそれらを活用し，また，公的制度との関係調整やアドボカシーを通じ必要な政策的対応の実現を目指す。その実践は，移住生活に伴う心理・社会的問題を含むクライエントの生活支援ニーズに対し，支援者‐被支援者間の多様な文化的背景への相互理解を深めつつ，ソーシャルワークの価値・知識・技術と，それらに含まれるカルチュラル・コンピテンス（多文化対応力）[*2]に基づいて行われるものである。

　先にみてきたさまざまな民間団体や地方自治体の活動は，必ずしも多文化コミュニティソーシャルワーク実践そのものとはいえないかもしれない。しかし，地域・エスニック・多文化といった複層的なコミュニティのいずれか，もしくは複数にまたがって展開されてきたそれらのさまざまな活動実践から，我々は多文化コミュニティソーシャルワークに必要な要素を見出すことが可能と考える。多文化コミュニティソーシャルワークを体系化するにあたっては，これまでのさまざまな実践のていねいな整理と分析が，今後の課

*2　Sue（2006）は，カルチュラル・コンピテンスを「クライエントとクライエントシステムの最善の発展を最大化するための行動に従事したり，そのための状況を創り出したりするための能力」とし，構成要素として，①人間行為についての自分自身の想定，価値観，バイアスに気づくようになること，②多様なクライエントの世界観を理解すること，③適切な介入戦略と技術を発達させること，④多文化対応力を増進もすれば否定もする，組織および制度の力というものについて理解することの4点を挙げる（同，pp. 24-29）。また，アメリカのソーシャルワーカーの専門職能団体，NASW（National Association of Social Workers）による『ソーシャルワーク実践におけるカルチュラル・コンピテンスのためのNASWの基準と指標』では，「倫理と価値，自己への気づき（自己覚知），異文化の知識，異文化の技術，サービス提供，エンパワメントとアドボカシー，多様な労働力，専門的教育，言語とコミュニケーション，カルチュラル・コンピテンスを進展させるためのリーダーシップ」の10基準が提示されている（NASW, 2015）。

題となる。

第 **4** 節　多文化コミュニティソーシャルワークの課題と可能性

▌1．支援機関とその機能

　最後に，多文化コミュニティソーシャルワークの展開に向けた課題と，その可能性を述べる。

　外国人住民への支援にあたっては「コーディネーター」の必要性が指摘され，その養成講座なども実施されている[3]が，外国人住民への生活支援を行う NPO やボランタリー組織の実際の機能・役割は，「コーディネート」にとどまらない多様性を有している[4]。

　今後重要となってくるのは，支援組織とその具体的機能である。外国人住

---

[3]　日本経済団体連合会（2007）「外国人材受入問題に関する第二次提言」では，「外国人住民への生活支援にあたって住民としての外国人の生活を支援すべく……（筆者中略）……各主体間の総合調整も重要であり，各自治体においてその役割を担うコーディネーターを育成することが急がれる」と指摘されている。東京外国語大学多言語・多文化教育研究センターは，文部科学省の「社会人の学び直しニーズ対応教育推進プログラム」の委託事業として，「多文化社会コーディネーター養成プログラム」を2007年から2009年にかけて実施し，その後も名称を変え10年間講座を開催した。その後，2017年2月26日に設立された一般社団法人多文化社会専門職機構では，多文化社会コーディネーター協働実践研修や多文化社会コーディネーター，相談通訳者の認定事業を行っている。

[4]　また，外国人労働者の受け入れを増やすとの方針に伴い，政府は2018年12月25日に，「外国人材の受け入れ・共生のための総合的対応策」を発表した。ここには国，地方自治体，民間団体の各レベルにおいてかねてよりその必要性がさまざまに指摘されてきた事項への対応策が挙げられている。その一つが，ワンストップサービス機関である。要旨によると，「暮らしやすい地域社会づくり」として，「外国人が生活全般について相談できる一元的窓口『多文化共生総合相談ワンストップセンター』を全国100カ所に整備。生活や就労に関するガイドブックを作成，多言語翻訳システムの利用促進。自治体の先導的取り組みを地方創生推進交付金で支援」するという。

民と彼らが抱える生活支援ニーズへの対応にあたっては，ただ単に制度や社会資源についての情報提供を行えばそれで充分とはいえない。何よりもまず，日本に暮らす外国人が抱えるさまざまな生活課題とその原因となっている「壁」への理解と配慮が求められる（田村，2000他）。ここで詳述はしないが，具体的には主に「ことばの壁・心の壁・文化の壁・制度利用の壁・情報アクセスの壁・アイデンティティの壁」の六つが挙げられる（門，2016）。

　こうした複数の「壁」の存在が，外国人住民の抱える生活課題の解決を困難にし，生活課題が複合化していくことを我々は認識し，言語・文化的配慮，母国との制度の違いを踏まえた日本の制度についての説明，必要な社会資源の紹介と仲介，適切な情報提供方法の模索といった対応を行う必要がある。そして，そうした対応すべてを一カ所で担ったり一事業で完結するのではなく，最適な制度・社会資源の活用が可能となるような有効なネットワーク・情報共有の仕組みを自らが機軸となって構築していく実践が，多文化コミュニティソーシャルワークの充実には求められる。

2．人材育成とその活用

　さらにいうならば，そうした組織を動かすのは「人」である。多文化コミュニティソーシャルワークを展開し，多様なコミュニティを創っていくことができる人材の育成が必要である。旧厚生省社会・援護局の先の報告書にあるような「外国人や孤立した人々をも視野に入れた情報提供や都市部における地域福祉・コミュニティワークの開発」が行える人材，組織ともいえる。

　支援を展開する当事者，日本人の多くが，コミュニケーションや自身の支援についての悩みを抱えたり，複雑な生活課題を相談者と共に抱え込んでしまいバーンアウトを起こしてしまったり，支援組織・団体が対象とする支援の範囲を超えた外国人住民のその後をどこへつなげるのかといった課題や，つないだ後にどうなったのかといった心残りを抱えていたりといった状況もみられる（吉嶋，2019；門，2019）[*5]。

　そこで，民間団体や行政の関連部課のスタッフが，ソーシャルワークや多

文化コミュニティソーシャルワークを学ぶことで，価値に基づく体系的な支援の知識やスキルを身につけていくこと，社会福祉士を中心とするソーシャルワーカーが，各々の現場で多文化に関わるケースや活動に積極的かつ意識的に関わっていくこと，そのための環境づくりを進めていくことによって，各現場で多文化コミュニティソーシャルワークを展開するにあたって基盤とすべき価値や支援方法を明確にすることも可能となるだろう。それにより，支援者のバーンアウトを防ぐことも可能となるのではないか。

　たとえば，研修プログラムには，外国人住民の生活支援ニーズが生じる背景としての政治・経済・社会・文化的側面と，地域特性を踏まえた地域福祉の視点からの内容を盛り込むことが考えられる。ケースワークのロールプレイだけでなく，現場でのコミュニティワークやアクションプラン作成などを念頭に置いたグループワークも行うなど，多文化コミュニティソーシャルワークを意識し理解できるように研修を構成することが望ましい[6]。

3．多文化コミュニティソーシャルワークの可能性

　国としての包括的な移民政策とそれに基づく方針がないこれまでの状況においては，外国人住民への生活支援の取り組みは，どうしても個別ニーズ対応的，地域・領域限定的なものにならざるを得なかった。また，労働力需要の変化などによる外国人住民の増減，地方自治体の首長交代による外国人施策の方針転換，自助グループやボランタリー組織の有無や分布の偏りなど，種々の要因により，生活の不安定性に対応する支援のあり方もまた，不確実かつ場当たり的なものとならざるを得なかった。

---

[5]　できれば支援者自身のストレスマネジメントも学ぶ機会があると，より望ましい。相談援助専門職がいることによって，職員のバーンアウト防止，相談対応の充実も期待できる。現在，かながわ国際交流財団では，ソーシャルワーカーによる多言語相談スタッフに対するスーパービジョンが定期的に行われている。また，公益財団法人とよなか国際交流協会には，非常勤ではあるが心理専門職が多言語相談窓口に雇用されており，多言語スタッフや協会スタッフに対するスーパービジョン，教育を行っている（門，2019）。

148

　朝倉（2017）は，「多文化共生地域福祉」の構築に向けて従来の地域福祉を強化する視点として，民間性，多様性，流動性，グローバルなコミュニティを挙げ，不安定定住を解消するための多文化生活支援システムが必要であるとする。こうしたシステムを確立するには，これまでみてきたように，地域・当事者・多文化共生といった多様なコミュニティレベルでの支援の仕組みと，必要に応じた施策化，その両者の接合が求められる。

　多文化コミュニティソーシャルワーク実践は，外国人住民に対するケースワーク的な相談対応事業に限定されるものではなく，生活を営む地域コミュニティにおいて当事者に向かい合い，当事者と共に生活課題の解決を目指す臨床福祉的アプローチによって，さまざまに行われてきた，生活支援実践の総称ということができる。ソーシャルワークの価値・知識・技術を意識し，多文化コミュニティソーシャルワークの体系化を進めていくことは，外国人住民の生活支援に関わるさまざまな取り組みを整理し，統合していくための一助となるだろう。外国人住民への生活支援を重層的かつ複合的な営みとしてとらえ，意識的に実践していくこと，当事者の参加と多様な主体との連携協力，施策対応を可能とする環境の構築が，今こそ必要ではないだろうか。

＊6　社会福祉士の養成課程プログラムの構成内容などからも明らかなように，ソーシャルワーク実践を行えるようになるには，講義だけでなくグループワークやロールプレイなどを通して，その実際を理解し体得していく必要がある。多文化ソーシャルワークの講座においては，通訳を介した対応ケースや「やさしい日本語」による対応ケースのロールプレイなど，さまざまな「壁」を理解し，対応できるようになるための演習が重要となってくる。そして，その際には具体的な方法，場面を設定することが求められる。かながわ国際交流財団の講座で行われたように，講座各回の企画や事例検討の段階から外国人住民と共に検討を行い，ロールプレイでも通訳やクライエント役として協力をしてもらうことで，参加者が多文化ソーシャルワークの価値・知識・技術を，より具体的に理解・修得することが可能となるだろう。多様な文化的背景をもつ通訳やクライエント役と実際に接することにより，自身のなかにある差別や偏見という「心の壁」への気づきという自己覚知も促される。なお，ソーシャルワークの視点をもつことができたならば，必要以上に抱え込むことなく必要な支援へと繋げていくという自身の役割が明確になり，支援を行いやすくなるのではないかといった期待が，かながわ国際交流財団の多文化ソーシャルワーク研修の受講者アンケートにもみられた（鶴田，2015）。

移民の人権と多文化福祉コミュニティ

【朝倉美江】

第 1 節　移民とヘイトスピーチ

　2019年3月15日，ニュージーランド南部クライストチャーチの2カ所のモスク（イスラム教礼拝所）で銃乱射事件があり，50人が死亡，約50人が負傷した。2018年10月には，米東部ペンシルバニア州ピッツバークのユダヤ教会堂で銃撃，11人が死亡。2017年1月には，カナダ東部ケベック市のモスクで銃撃，6人が死亡。同年米南部バージニア州シャーロッツビルで，白人至上主義者や極右の集会が開かれ，反対・抗議する人々と衝突。反対派に車が突入し，1人死亡，30人以上が負傷。2015年，米南部サウスカロライナ州チャールストンの教会で，白人男性が黒人信者ら9人を射殺。2011年ノルウェーのオスロで爆発後，ウトヤ島で極右青年が銃乱射，77人死亡（2019年3月16日『毎日新聞』朝刊）というように，近年白人至上主義や移民排斥の事件が世界各地で起きている。

　なぜこのような恐ろしいことが続くのであろうか。三木清は『人生論ノート』で以下のように述べる。

　　　自己を知ることはやがて他人を知ることである。私たちは私たちの魂が自ら達した高さに応じて，私たちの周囲に次第に多くの個性を発見してゆく。自己に対して盲目な人の見る世界はただ一様の灰色である。自己の魂をまたたきさせざる眼をもって凝視し得た人の前には一切のものが光と色との美しい交錯において拡げられる。恰もすぐれた画家がアム

ステルダムのユダヤ街にもつねに絵画的な美と気高い威厳とを見出し，その住民がギリシア人でないことを憂いなかったように，自己の個性の理解に透徹し得た人間は最も平凡な人間の間においてさえそれぞれの個性を発見することができるのである。かようにして私はここでも個性が与えられたものではなくて獲得されねばならぬものであることを知るのである。私はただ愛することによって他の個性を理解する。分かち選ぶ理智を捨てて抱きかかえる情意によってそれを知る。場当たりの印象や気紛れな直感をもってではなく，辛抱強い愛としなやかな洞察によってそれを把握するのである。しかしながら愛するということは如何に困難であるか。

(三木，1998，p. 186)

　また三木は，「愛情は想像力によって量られる」とも論じている。自己を知ることは他者を知ることであり，自己とはつまり，他者との関係のなかに存在するものである。しかし，その他者とは誰なのかが問われる。国籍，言語，文化，宗教，人種の異なる人を，そのなかに位置づけられるのか。他者との関係が多様であることが，三木のいう灰色の世界ではなく，光と色との美しく交錯する世界，つまり多文化福祉コミュニティを創ることにつながるのではないか。

　他方，釜ヶ崎（あいりん地区）で長年ホームレスの人たちと向き合ってきた本田哲郎神父は，隣人愛について，善意のボランティアの人たちのなかに「自分の家族の一人であるかのように愛そう」としている人がいるが，それは土台無理なことで，「貧しくされた人たち」はたてまえの押し付けは拒否する。隣人愛とは好きになるということではなく，自分自身が大切なように隣人も「大切にするということである」（本田，2006，pp. 8-10）と語る。三木のいう自己と他人，本田のいう隣人とは，自分の中と外にある多様な関係のことである。

　2019年3月13日，米国務省は，200以上の国・地域を対象とした2018年度版の「人権報告書」を発表し，日本でヘイトスピーチが増加傾向にあることを指摘した。世界各地の移民排斥の事件や，日本でも近年頻発したヘイトス

ピーチは，まさに灰色の世界である。

　2016年5月24日に「本邦外出身者に対する不当な差別的言動の解消に向けた取り組みの推進に関する法律（通称ヘイトスピーチ解消法）」が成立している。しかし，在日コリアン弁護士協会の金竜介は，「『朝鮮人を殺せ』と路上で叫ぶ人間は，日本人全体から見ればごくわずかといえるであろう。多くの人は過激なヘイトデモを嫌悪する。しかし，私たちがこの社会に怯え，ときに絶望的になるのは，ヘイトスピーチを行う人間の存在そのものではない。恐ろしいのは，ヘイトスピーチを行う人間に共感をおぼえる人々がこの社会で少数とは思えないことだ。ときに穏やかな笑顔で排除の言葉を口にする日本人たち。差別の煽動は，この国で連綿と行われてきたことではあるが，マジョリティが自らの差別を直視することはなかった。ヘイトスピーチには『ひどいね』と否定する人々が，自分が加わっている目の前の差別は見ようとしない。見えないという現実が存在する」（金，2016，pp. 2-3）という。

　この見ようとしない，見えないという問題は，ホームレス，若者やシングルマザーなどの生活困窮，ひきこもり，孤独死，子どもや高齢者などへの虐待，身体・知的・精神・発達障がいのある人，LGBTQ など，多様な人々が抱えさせられている差別や排除の問題に共通している。それらの問題をどうしたら見える，見ることができ，それらの現実を変革することができるのだろうか。

　本書は，多文化という，私と他者との関係のなかにある多様性と福祉という人々の生活，臨床性をもつ現場に焦点を当て，われわれが調査や実践のなかで学んだことを紹介しながら，多文化福祉コミュニティという光と色が交錯するコミュニティを目指すことへの一助になることを願って執筆した。以下，若干なりとも本書の全体像の理解に資することを目的として各章の要約と論点を紹介したい。

第 2 節　多文化福祉コミュニティとは何か

▌1．第1章「地域福祉と多文化福祉コミュニティ」

　ここでは，グローバリゼーションが進行し，移民や難民に関わるシティズンシップが問われる現代において，福祉社会を支えていくのは誰なのかを探り，国家の枠を超えた生活問題を解決する方法を探ることを課題としている。その課題を検討するにあたって，コミュニティを，その主体と主体が形成する社会的空間として位置づけている。主体によって形成される社会的空間を福祉コミュニティとし，それを生み出す活動は臨床性をもつことから，継続性，組織化，マネジメント，運動的取り組みが必要であることを論じている。そして，多文化主義の考え方を基礎にし，文化の基盤となる生活機会の保障という課題を基底に据えた福祉コミュニティ形成の実現を図る，動態的な社会モデルを描いている。多文化共生社会理念が拡大しつつあるこんにちの状況においてなお，周縁に位置する者たちにとって，システム化した社会の大きな流れに抗することが困難であることから，社会的に排除された者たちの参加の機会の剥奪が，課題であることを指摘している。

　本章で課題とした，社会的に排除された移住者の参加の機会をどのように確保するのかを，韓国調査から探っている。韓国では多文化主義政策の対象が，結婚移住者とその家族に重点化しているなどの問題は否めないが，移住労働者支援の運動は政策形成に影響力を有している。NGOによる未登録労働者への医療支援の政府の黙認，外国人労働者への労働搾取実態の改善に対する支援団体や，移住女性支援団体による政策担当部署への生活改善提案の確立されたルートなどは，実質的なデニズンシップ化ともいえる。

　韓国では，移住生活者の生活課題の共有のために課題が可視化され，移住生活者の生活権のイシューの共有化によって，地域的共同性が生み出されて

いた。生活課題解決に向けた諸実践から，実質的なデニズンシップが生み出
されている。移住生活者が生活するローカルなコミュニティにおける移住生
活者や，その生活課題に対する認識の変化を通して，差別，無関心や黙認と
いった態度から，異質・開放的な共同性に基づく生活課題の協働による解決
へと，転換させることが必要であると論じている。

2．第2章「移民問題と多文化福祉コミュニティ」

　ここでは，コミュニティで排除されやすい「外国人労働者」に焦点を当
て，地域福祉における外国人労働者の位置づけと，彼らと共に創造する多文
化福祉コミュニティについて，こんにち求められている地域共生社会との関
係を踏まえて論じている。韓国が統合政策へと展開した背景には，民間団体
の支援活動があった。日本ではいまだ韓国のような民間団体の支援活動も少
なく，「外国人技能実習生」の過酷な労働環境なども顕在化しているにもか
かわらず，それを廃止しないまま入管法が改正された。その背景にはエス
ノ・ナショナリズムという差別があり，労働力だけを切り取って活用しよう
としているが，生活者としてその市民権を保障することが不可欠である。
　韓国で移民政策が進展した背景には民間団体の位置づけが重要であったこ
とから，日本においても，民間団体の活動を核とした地域福祉の位置づけを
検討している。地域福祉の源流は，貧困や移民の生活困難を改善・解決し，
社会改良を目指して19世紀にイギリスで始まったセツルメント運動にある。
その後，アメリカでもセツルメント運動は移民の支援を推進してきた。その
ような運動がコミュニティ・オーガニゼーションに発展し，敗戦後の日本で
は，GHQ の指導によって創設された社会福祉協議会が担ってきた。
　地域福祉は政策化が進み，社会保障制度改革の推進のもと，2016年には
「ニッポン一億総活躍プラン」で地域共生社会が提起され，2017年に地域共
生社会とは「地域住民や地域の多様な主体が『我が事』として参画し，人と
人，人と資源が世代や分野を超えて『丸ごと』つながることで，住民一人ひ
とりの暮らしと生きがいをともに創っていく社会」と示された。この住民に

外国人労働者を位置づけるのであれば，「外国人」の市民権の実質化が課題
となる。そして，「包括的な支援体制」にトランスナショナルな移住生活を
営む移民の生活を支えるための，異なる言語や文化を尊重する多文化の総括
的な支援体制の整備を含んだ，多文化共生地域福祉を創造することが課題で
ある。

第 3 節　移住女性と多文化福祉コミュニティ

1．第3章「韓国におけるコミュニティを通じた結婚移住女性 のエンパワメント」

　ここでは，韓国の結婚移住女性が抱える困難とコミュニティ形成への取り
組みを通して，結婚移住女性のエンパワメントとコミュニティの役割につい
て検討している。韓国は1990年代以降，外国人労働者の流入と国際結婚の増
加によって，日本以上に多文化化が進展した。2008年には多文化家族支援法
が制定され，全国各地に「多文化家族支援センター」が設置され，2018年現
在217カ所となり，「地域社会の多文化家族を対象に，韓国語教育，家族教
育・相談，通訳・翻訳，子どもの教育支援など総合サービス」が提供されて
いる。さらに「タヌリコールセンター」（多文化家族総合情報電話センター）
も設置され，ワンストップ・サービスの体制が整備されている。
　しかし，移住女性に対しての支援政策が整備されたにもかかわらず，いま
だ移住女性への人権侵害や暴力は，深刻な社会問題となっている。深刻な問
題に対しては，民間の支援団体が支援を行っている。その一つであるアイダ
マウルの支援内容を，調査によって明らかにしている。アイダマウルは多文
化主義的実践を行っており，具体的には事業運営，ファッション教育，コン
ピューター教室，韓国語教育，共同体のトレーニング，メディアワーク
ショップなどが行われている。なかでも，「シスターフード」という移住女

性たちがレストランを協同組合型で運営し，経済的な自立を目指していることが特徴的であった。アイダマウルを運営している当事者へのインタビュー調査からは，「アイダマウルは実家のような場，仲間と一緒にできることがある」など，移住女性をエンパワメントする場となっている。そこではフェミニストアプローチによって人権教育が重視され，差別のない社会への関心が高まっている。

▌2．第4章「結婚移住女性の主体的な選択とコミュニティ」

　ここでは，結婚移住女性に焦点を当て，結婚移住という選択を女性たちの主体性の表れとしてとらえ，ホスト社会で結婚移住女性が主体的に生きられる可能性とコミュニティについて検討している。韓国の多文化家族支援センターの支援は，同化政策であるとの批判もあるが，ジェンダーやエンパワメントを意識した支援によって，移住女性は自立しつつあった。日本で生活している移住女性は，アジアの国々からの女性の割合が高い。そしてその多くは，さまざまな困難を抱え，社会的に孤立し，脆弱性を抱えやすい。そのような移住女性を支援しているカラカサンも，エンパワメントの実現を目指した支援を行っている。

　本章では，K国から日本人男性との結婚によって日本に移住した，50代のJさんのライフストーリーを紹介している。Jさんは自分の選択で結婚し，その後日本に移住することになり，日本語の問題や差別，子育て不安などを，家族や近隣の人々や子育て仲間など，インフォーマルな関係のなかで乗り越えている。Jさんは「私はみんなと一緒」という考え方で，自分のアイデンティティとともに誰もが尊重される関係を，コミュニティのなかで形成しつつある。そのなかで，教会の位置づけは，彼女の存在そのものに関わる重要なものであることが明らかにされている。Jさんは，K国というルーツ，女性であり母親であること，クリスチャンであることなど，多様性を認められる関係のなかでエンパワメントされ，コミュニティのメンバーになっている。

第4節 人権・コミュニティソーシャルワークと 多文化福祉コミュニティ

1. 第5章「子どもの権利と多文化福祉コミュニティ」

　ここでは，子どもの権利を中心に据えた，多文化福祉コミュニティの実践原理を抽出することを目的としている。本章では在日朝鮮人の子どもたちに焦点を当て，その人権保障に積極的に取り組んできた川崎市の実践から，その原理を考察している。

　川崎市にある社会福祉法人青丘社の桜本保育園は，1969年に開設され，当初本名を名乗る運動が取り組まれた。在日朝鮮人が日本名を名乗るということは，民族のアイデンティティを奪われることであり，「本名を名のり，生きていく子どもたちを育てよう」と民族クラスを設置し，日本人の子どもは差別をしない，許さない子どもに育てようと，民族保育を充実させたという。その後，1982年には「川崎在日韓国・朝鮮人教育をすすめる会」が結成され，1986年「川崎市在日外国人教育基本方針」が制定された。1988年にはふれあい館が設置され，日本人と韓国・朝鮮人を主とする在日外国人が，市民として子どもからお年寄りまで，相互のふれあいを推進している。

　青丘社では，当事者の思いを受け止め，当事者と専門職者が協働することを通して，徹底して人権を基盤に置いた実践がなされてきた。これらの実践のなかでは，ふれあい館設立の際のコンクリフトなど困難も多々あったが，何回も話し合いが行われ，学習が重ねられ，時間をかけながらお互いの違いを理解し，多文化福祉コミュニティの具現化を進めている。それらの実践は「臨床の知」によって立ち，決断と選択の結果，現実を引き出すという実践の積み重ねの先に，多文化福祉コミュニティ形成の可能性が見えてくる。その実践からは，①人権を中心に据えること，②保育園や学校を安心して居ら

れる場所にしていくこと，③「臨床の知」によって立つこと，という原理が
抽出できた。

▌2．第6章「『多文化コミュニティソーシャルワーク』実践」

　ここでは，外国人住民への支援における，ソーシャルワーク実践の位置づ
けを議論している。すでに日本の各地で外国籍，外国にルーツをもつ住民へ
の支援は，当事者自身や民間団体，自治体によって行われてきた。しかし，
それらは分断され，総合的な支援は行われていない。

　戦後オールドタイマーへの就職差別や，国民年金などの社会保障制度，市
営住宅の国籍条項の撤廃を求める運動が展開され，さらに，1980年前後から
ニューカマーへの日本語支援や，DVや人身売買などの被害に遭った外国人
女性のシェルターの運営なども行われ，学習，住居，医療支援なども展開さ
れるようになった。2001年には，外国人集住都市会議が開催され，多文化
ソーシャルワークの取り組みは，外国人が多い愛知県，神奈川県，埼玉県な
どで広がりつつある。しかし，国レベルでの移民政策の不在により，専門職
を養成・配置する方針・予算もないことが課題となっている。

　以上のような課題と，地域での民間団体や地方自治体によるさまざまな取
り組みの歴史を踏まえ，地域や国境を越えるコミュニティなど多様なコミュ
ニティを明確に位置づけた，多文化コミュニティソーシャルワークが求めら
れている。多文化コミュニティソーシャルワークは，地域・エスニック・多
文化といった複層的なコミュニティを基盤に，一人ひとりを取り巻く環境を
重視した支援を行うものである。そして，その支援のなかに，公的な制度だ
けでなく新たなサービスの開発も含め，カルチュラル・コンピテンス（多文
化対応力）を明確に位置づけている。多文化コミュニティソーシャルワーク
の実践には，多文化に対応した生活支援機関の整備，多文化コミュニティ
ソーシャルワークの担い手の確保が最も重要な課題である。さらに，多文化
ソーシャルワーク，多文化生活支援政策の体系化・政策化を，外国人住民と
多様な主体との連携によって実現していくことが求められている。

第 5 節　多文化福祉コミュニティの創造

　全7章を踏まえ，改めて多文化福祉コミュニティとは何かを考える。コミュニティとはどこが違うのだろうか。第1章で三本松政之は「コミュニティは，地域社会という意味ももつが，それだけでなく人々が作り出す共同・協働のための社会的空間という意味が強い。コミュニティは何等かの連帯のもとに意図的に構築される関係のありようを指し示すものとして位置づいている」という。さらに『コミュニティ事典』を編集した吉原直樹は，コミュニティが多義的な概念であることを踏まえ，「今日，コミュニティへの問いは，より広い文脈の下に置かれ，その概念的拡散と相まってますます混迷の度を深めている。他方でジグムント・バウマンが指摘するように，人々の間でコミュニティに『戻りたいと心から望み，そこに至る道を熱っぽく探し求める』動きが強まっている」（吉原，2017，p. ii）と論じている。

　コミュニティについての二人の論述は，コミュニティは既に在るものではなく，意図的に構築される，もしくは探し求めるものであることを示している。大災害が頻発する近年にあっては，コミュニティが，人々の絆として賞賛されたり，グローバル化が進展するなかで国家が変容し，新自由主義のもと自己責任が追求され，人々の不安が拡大するなかで，それを埋めるものとしても大きな期待が寄せられつつある。

　このコミュニティは，「私のもの」であると同時に「他者のもの」であり，「私たちのもの」である。この際の「私」や「他者」，「私たち」が誰なのか。コミュニティを創造する「私たち」のなかに国籍，言語，文化が異なる人たちを明確に位置づけたコミュニティを，多文化福祉コミュニティとしてその創造を目指したいというのが，本書のねらいであった。

　福井県の越前市に「みんなの食堂」がある。この食堂は2004年に野尻冨美さんが始めた「ままのて」が始まりであった。「ままのて」は，野尻さんが働きながら子育てをするなかで，子どもが病気になり困っていた当時，「病

児・病後児保育室」として創設したという。開始後，障がいのある子を預かってほしいという声があり，障がい児のデイサービスも開始した。また，地域の高齢者からの「こじんまりしたデイサービスが欲しい」という声に応えて，2008年には複合型のデイサービス「てまり」を始めた。さらに，認知症の介護者の声や不登校の子どもたちの声が届き，「認知症カフェ」と「てまり茶屋」という，年代を超えて誰もが集まれる居場所を作った。

　これらの事業・活動を踏まえて，「子どもも高齢者も障がいのある人も，みんなが来られる食堂を実現したい」として2016年から始まったのが，「みんなの食堂」である。この食堂では，小中学生の学習支援も行っていた。そのなかで，外国籍の子どもたちが急増し，その対応のために実行委員会をつくり，開設したのが，外国籍の子どもに特化した学習支援教室「オラ・バモス」である。

　「オラ・バモス」は，ポルトガル語で「がんばろう」のかけ声を意味するが，この教室で，近隣の小中学校に通うブラジルやタイ国籍の子どもたち10人が学んでいる。この実行委員会の代表は，市内のメキシコ国籍の飲食店主であった。この委員会には，日本語が話せない外国籍の子どもの母親からも，日本語を学びたいという声が寄せられている。この「オラ・バモス」を生み出した「みんなの食堂」は，地域の多様な人々による実行委員会方式で活動が展開されている。寄付金を集めたり，地域の企業や商店などからの食材の提供，さらに越前市の制度や福井県社協の補助金などを活用しながら，活動が広がっている。

　この活動の中心を担っている野尻さんは，「『みんなの食堂』にはテーマがあります。『地域で育つ・地域で暮らす』ことを『地域で支える』です。子どもだけ，高齢者だけの地域ではないはず。貧困だけが辛いのではないはず。辛いこと，ちょっとしんどい事，困った事，嬉しい事，誰かに聞いて欲しい事，どれも地域にあるはず」だという。

　この「みんなの食堂」の活動は，「野尻さん」と「病気の子ども，障がいのある子ども，高齢者，不登校の子ども，認知症の介護家族，外国籍の子どもたち」など，多様な「他者」が「私たち」の食堂として，地域に開かれた

多文化福祉コミュニティとして発展し続けている。

　移民の人権を尊重するということは，子どもや障がいのある人，高齢者など，多様な人々が暮らしやすい地域，支え合える地域を創っていくことにほかならない。「みんなの食堂」のような多文化福祉コミュニティが，日本各地，さらに世界中に広がることを願っている。

文　　献

第1章

藤村正之（2009）「福祉社会のゆくえ──社会的包摂と公正」『学術の動向』第14巻第1号，36-41頁

Giddens, A.（1998）*The Third Way: The Renewal of Social Democracy*. Polity Press.（佐和隆光〈訳〉（1999）『第三の道──効率と公正の新たな同盟』日本経済新聞社）

ハタノ，リリアン・テルミ（2006）「書評『新たな到達点』にして『『新たな出発点』──梶田孝道・丹野清人・樋口直人『顔の見えない定住化──日系ブラジル人と国家・市場・移民ネットワーク』を読む」『ラテンアメリカ研究年報』第26巻，141-167頁

樋口直人（2005a）「共生から統合へ──権利保障と移民コミュニティの相互強化に向けて」梶田孝道・丹野清人・樋口直人『顔の見えない定住化──日系ブラジル人と国家・市場・移民ネットワーク』名古屋大学出版会，285-305頁

樋口直人（2005b）「デカセギと移民理論」梶田孝道・丹野清人・樋口直人『顔の見えない定住化──日系ブラジル人と国家・市場・移民ネットワーク』名古屋大学出版会，1-51頁

平野隆之（2008a）「報告書を読む②　ボトムアップの政策協議を期待する」『月刊福祉』第91巻第9号，18-19頁

平野隆之（2008b）『地域福祉推進の理論と方法』有斐閣

広田康生（2003）「越境する知と都市エスノグラフィ編集──トランスナショナリズム論の展開と都市的世界」渡戸一郎・広田康生・田島淳子〈編〉『都市的世界／コミュニティ／エスニシティ』明石書店，14-46頁

井口泰（2007）「外国人の統合政策および社会保険加入のための基盤整備──EU等の調査から」『季刊社会保障研究』第43巻第2号，131-148頁

石川准（2002）「ディスアビリティの削減，インペアメントの変換」石川准・倉本智明〈編著〉『障害学の主張』明石書店，17-46頁

石川准・長瀬修〈編〉（1999）『障害学への招待──社会、文化、ディスアビリティ』明石書店

梶田孝道・丹野清人・樋口直人（2005）『顔の見えない定住化──日系ブラジル人と国家・市場・移民ネットワーク』名古屋大学出版会

北野誠一（1993）「自立生活をささえる地域サポートシステム」定藤丈弘・岡本栄一・北野誠一〈編〉『自立生活の思想と展望──福祉のまちづくりと新しい地域福祉の創造をめざして』ミネルヴァ書房，232-261頁

厚生労働省（2008）「地域における『新たな支え合い』を求めて──住民と行政の協働による新しい福祉」〔https://www.mhlw.go.jp/shingi/2008/03/dl/s0331-7a.pdf〕（アクセス日2020年1月15日）

松原治郎（1973）「コミュニティの今日的意味」『現代のエスプリ　コミュニティ』第68

号，5-21頁

新原道信（2001）「"内なる異文化"への臨床社会学──"臨床の智"を身につけた社会のオペレーターのために」野口裕二・大村英昭〈編〉『臨床社会学の実践』有斐閣，255-284頁

奥田道大（1983）『都市コミュニティの理論』東京大学出版会

奥田道大（1995）「都市的世界・コミュニティ・エスニシティ──アメリカおよび日本の大都市におけるエスニック・コミュニティの変容と再編」奥田道大〈編〉『コミュニティとエスニシティ』勁草書房，1-43頁

小内透（2001）「課題と方法」小内透・酒井恵真〈編〉『日系ブラジル人の定住化と地域社会──群馬県太田・大泉地区を事例として』御茶の水書房，3-22頁

総務省（2006）「多文化共生の推進に関する研究会報告書──地域における多文化共生の推進に向けて」〔http://www.soumu.go.jp/s-news/2006/pdf/060307_2_bs1.pdf〕（アクセス日2008年12月3日）

三本松政之（2014）「シティズンシップとコミュニティ」坂田周一〈監修〉三本松政之・北島健一〈編集〉『コミュニティ政策学入門』誠信書房，163-182頁

田村太郎・北村広美・高柳香代（2007）「客員研究報告書──多文化共生に関する現状およびJICAでの取り組み状況にかかる基礎分析」〔https://www.jica.go.jp/jica-ri/IFIC_and_JBICI-Studies/jica-ri/publication/archives/jica/kyakuin/pdf/200703_kus_01.pdf〕（アクセス日2008年12月3日）

丹野清人（2005a）「企業社会と外国人労働市場の共進化──移住労働者の包摂過程」梶田孝道・丹野清人・樋口直人『顔の見えない定住化──日系ブラジル人と国家・市場・移民ネットワーク』名古屋大学出版会，52-75頁

丹野清人（2005b）「市場と地域社会の相克──社会問題の発生メカニズム」梶田孝道・丹野清人・樋口直人『顔の見えない定住化──日系ブラジル人と国家・市場・移民ネットワーク』名古屋大学出版会，240-258頁

山脇啓造「多文化共生社会の構想」〔http://www.kisc.meiji.ac.jp/~yamawaki/vision/about.htm〕（アクセス日2008年12月3日）

Young, J. (1999) *The Exclusive Society: Social Exclusion, Crime and Difference in Late Modernity.* SAGE.〔青木秀男・伊藤泰郎・岸政彦・村澤真保呂〈訳〉（2007）『排除型社会──後期近代における犯罪・雇用・差異』洛北出版〕

第1章コラム
巣内尚子（2019）「『失踪』と呼ぶな──技能実習生のレジスタンス」『現代思想』第47巻第5号，18-33頁

第2章
秋山勝（1996）「沖縄人の人権」日高六郎〈監修〉神奈川人権センター〈編集〉『国際化時代の人権入門』神奈川人権センター，195頁

朝倉美江（2017）『多文化共生地域福祉への展望──多文化共生コミュニティと日系ブラジル人』高菅出版

安里和晃（2019）「多様な福祉レジームと海外人材——入管法改正をめぐる言説と問題点」『文化連情報』2019年2月号，54-58頁

鄭雅英（2008）「韓国における在外同胞移住労働者——中国朝鮮族労働者の受け入れ過程と現状分析」『立命館国際地域研究』第26号，77-96頁

濱田国佑（2013）「在日ブラジル人の『社会問題』化と排外意識」駒井洋〈監修〉小林真生〈編著〉『レイシズムと外国人嫌悪』明石書店，172頁

濱口桂一郎（2013）「福祉と労働・雇用のはざま」濱口桂一郎〈編著〉『福祉と労働・雇用』ミネルヴァ書房，5頁

濱野一郎・野口定久〈編〉（1996）『社会福祉援助技術各論Ⅱ——コミュニティワークの新展開』みらい

樋口直人（2005）「移住システムと移民コミュニティの形式——移民ネットワーク論からみた移住過程」梶田孝道・丹野清人・樋口直人『顔の見えない定住化——日系ブラジル人と国家・市場・移民ネットワーク』名古屋大学出版会

日下野吉武〈監修〉（2007）『女たちのブラジル移住史』毎日新聞社

石河久美子（2018）「地域福祉研究のあり方を問う——多文化ソーシャルワークの課題」『日本の地域福祉』第31巻，5頁

康潤伊・鈴木宏子・丹野清人〈編著〉（2019）『わたしもじだいのいちぶです——川崎桜本・ハルモニたちがつづった生活史』日本評論社

神田すみれ・木下貴雄・朝倉美江・藤井克子・各務元浩（2019）「異文化介護を考える」『生涯発達研究』第11号，7-23頁

柏崎千佳子（2018）「日本の社会と政治におけるエスノ・ナショナリズム」移民政策学会設立10周年記念論集刊行委員会〈編〉『移民政策のフロンティア——日本の歩みと課題を問い直す』明石書店，18頁

加山弾（2014）『地域におけるソーシャル・エクスクルージョン——沖縄からの移住者コミュニティをめぐる地域福祉の課題』有斐閣

川村千鶴子（2007）「異文化間介護の視座」川村千鶴子・宣元錫〈編著〉『異文化間介護と多文化共生——誰が介護を担うのか』明石書店，20-59頁

厚生労働省（2015）「誰もが支え合う地域の構築に向けた福祉サービスの実現——新たな時代に対応した福祉の提供ビジョン」〔https://www.mhlw.go.jp/file/05-Shingikai-12201000-Shakaiengokyokushougaihokenfukushibu-Kikakuka/bijon.pdf〕（アクセス日2020年1月16日）

厚生労働省（2017）「地域力強化検討会最終とりまとめ——地域共生社会の実現に向けた新しいステージへ」〔https://www.mhlw.go.jp/file/05-Shingikai-12201000-Shakaiengokyokushougaihokenfukushibu-Kikakuka/0000177049.pdf〕（アクセス日2020年1月16日）

厚生労働省（2017）「『地域共生社会』の実現に向けた地域づくりの強化のための取組の推進」〔https://www.mhlw.go.jp/content/12601000/000336185.pdf〕（アクセス日2020年1月16日）

木原活信（1998）『J.アダムズの社会福祉実践思想の研究——ソーシャルワークの源流』

川島書店

木下貴雄（2019）「異文化介護を考える」『生涯発達研究』第11号，8頁

毎日新聞（2017a）「そこが聞きたい　先住民族アイヌの今　北海道アイヌ協会理事長　加藤忠氏」1月19日朝刊

毎日新聞（2017b）「比介護職員　悪質契約，施設側謝罪し和解　死亡責任負わず／時給は最低賃金／16時間勤務も　大阪地裁」2月3日夕刊

毎日新聞（2018）「シャープ　日系外国人1000人雇い止め　3次下請け」11月30日夕刊

毎日新聞（2019）「技能実習生　失踪の果て窃盗　『誠実に働きたかったのに』　過酷労働・借金，手紙に『後悔』」2月27日夕刊

松端克文（2018）『地域の見方を変えると福祉実践が変わる──コミュニティ変革の処方箋』ミネルヴァ書房

三浦知人（2019）「はじめに」康潤伊・鈴木宏子・丹野清人〈編著〉『わたしもじだいのいちぶです──川崎桜本・ハルモニたちがつづった生活史』日本評論社，3-5頁

三本松政之（2012）「外国籍移住生活者にみる社会的バルネラビリティとそのシティズンシップ」日本社会福祉学会〈編〉『対論　社会福祉学2　社会福祉政策』中央法規出版，187頁

三本松政之（2014）「シティズンシップとコミュニティ」坂田周一〈監修〉，三本松政之・北島健一〈編集〉『コミュニティ政策学入門』誠信書房，163-182頁

庄司洋子・木下康仁・武川正吾・藤村正之〈編〉（1999）『福祉社会事典』弘文堂

園田恭一（1999）『地域福祉とコミュニティ』有信堂

総務省（2006）「地域における多文化共生推進プランについて」〔https://www.soumu.go.jp/main_content/000400764.pdf〕（アクセス日2020年1月16日）

首相官邸（2016）「ニッポン一億総活躍プラン」〔http://www.kantei.go.jp/jp/singi/ichiokusoukatsuyaku/pdf/plan1.pdf〕（アクセス日2020年1月16日）

首相官邸（2018）「特定技能の在留資格に係る制度の運用に関する基本方針について」〔https://www.kantei.go.jp/jp/singi/gaikokujinzai/kaigi/dai3/siryou1-2.pdf〕（アクセス日2020年1月16日）

橘木俊詔（2005）『企業福祉の終焉──格差の時代にどう対処すべきか』中央公論新社

橘木俊詔（2012）「格差社会をどう考えるか」橘木俊詔・宮本太郎〈監修〉橘木俊詔〈編著〉『格差社会』ミネルヴァ書房，4頁

高森敬久（1996）「ソーシャル・アクション」濱野一郎・野口定久〈編〉『社会福祉援助技術各論Ⅱ──コミュニティワークの新展開』みらい，207頁

特定非営利活動法人　移住者と連帯する全国ネットワーク（2016）「技能実習法の成立に対する声明」〔https://migrants.jp/news/voice/20190701_36.html〕（アクセス日2020年1月16日）

鳥居一平（2018）「建設現場からみた骨太方針──生活者として外国人労働者を受入れるために」『Migrants network』第200号，9頁

とよなか国際交流協会〈編集〉牧里毎治〈監修〉（2019）『外国人と共生する地域づくり──大阪・豊中の実践から見えてきたもの』明石書店

右田紀久恵（2005）『自治型地域福祉の理論』ミネルヴァ書房

日本経済新聞「介護留学生倍増，1000人超え　養成校入学の6人に1人」2018.9.18朝刊

トインビーホールホームページ〔https://www.toynbeehall.org.uk/〕（アクセス日2019年1月18日）

United Nations (1998) *Recommendations on Statistics of International Migration Revision1.*

宇都宮健児・湯浅誠〈編〉（2009）『派遣村——何が問われているのか』岩波書店

山口稔（2010）『コミュニティ・オーガニゼーション統合化説——マレー・G・ロスとの対話』関東学院大学出版会

梁起豪（2012）「韓国における多文化政策と地域ガバナンス」多文化共生国際シンポジウム資料，2012年1月18日開催

第3章

法務省（2019）「平成30年末現在における在留外国人数について」〔http://www.moj.go.jp/nyuukokukanri/kouhou/nyuukokukanri04_00081.html〕（アクセス日2020年1月22日）

戒能民江（2008）「東アジアにおけるジェンダー・ポリティクスの一断面——DV政策を中心に」戒能民江〈編〉『ジェンダー研究のフロンティア1　国家／ファミリーの再構築——人権・私的領域・政策』作品社，250-275頁

韓国移住女性人権センター（2014）「報告書」〔http://www.wmigrant.org/wp/wp-content/uploads/2015/03/%ED%95%9C%EA%B5%AD%EC%9D%B4%EC%A3%BC%EC%97%AC%EC%84%B1%EC%9D%B8%EA%B6%8C%EC%84%BC%ED%84%B0_2014%EC%96%B4%EC%9A%B8%EB%A6%BC%EB%B3%B4%EA%B3%A0%EC%84%9C_6p%EC%88%98%EC%A0%95.pdf〕（アクセス日2018年12月24日）

韓国女性財団（2009）「多文化家庭支援事業報告書（첨부1. 다문화 다함께 결과보고서 2009년 다문화가정지원사업보고서）」〔http://womenfund.prizma.co.kr/blog/%EC%B2%A8%EB%B6%801.%20%EB%8B%A4%EB%AC%B8%ED%99%94%20%EB%8B%A4%ED%95%A8%EA%BB%98%20%EA%B2%B0%EA%B3%BC%EB%B3%B4%EA%B3%A0%EC%84%9C.pdf〕（アクセス日2013年8月15日）

カラカサン：移住女性のためのエンパワメントセンター・反差別国際運動日本委員会（IMADR-JC）〈編〉（2006）『移住女性が切り拓くエンパワメントの道——DVを受けたフィリピン女性が語る』解放出版社

キムソン・ミギョン（2011）「多文化コミュニケーション空間"アイダマウル"について（다문화 소통 공간, '아이다마을'에 대해/김성미경）」〔http://www.incheonin.com/board/view. php? code=reader&cat=&sq=8330&page=4&s_fld=&s_txt=〕（アクセス日2013年8月15日）

李姫姫（2013）「韓国の『移民許容』政策の変化と最近の動向」『千葉商大紀要』第51巻第1号，109-128頁

森田ゆり（1998）『エンパワメントと人権——こころの力のみなもとへ』解放出版社

白井京（2008a）「在韓外国人処遇基本法――外国人の社会統合と多文化共生」『外国の立法』第235号，135-145頁

白井京（2008b）「韓国の多文化家族支援法――外国人統合政策の一環として」『外国の立法』第238号，153-161頁

総務省（2019）「人口推計――2019年（令和元年）5月報」〔https://www.stat.go.jp/data/jinsui/pdf/201905.pdf〕（アクセス日2020年1月21日）

東亜日報（2013）「多文化家庭も喜ばない支援センター，さらに増やすとする女性部」〔http://www.donga.com/jp/List/article/all/20130107/420092/1/〕（アクセス日2018年12月24日）

山岸素子（2006）「解説 移住女性に対する暴力を乗り越えて――被害からエンパワメントへ」戒能民江〈編〉『DV防止とこれからの被害当事者支援』ミネルヴァ書房，57-59頁

第3章コラム

宮島喬（2004）『ヨーロッパ市民の誕生――開かれたシティズンシップへ』岩波書店

田中宏（1991）『在日外国人――法の壁，心の溝』岩波書店

第4章

Castles, S. & Miller, M. J.（2009）*The age of migration*. 4th ed. Basingstoke.〔関根政美・関根薫〈監訳〉（2010）『国際移民の時代　第4版』名古屋大学出版会〕

法務省（2019）「令和元年6月末現在における在留外国人数について」〔http://www.moj.go.jp/nyuukokukanri/kouhou/nyuukokukanri04_00083.html〕（アクセス日2020年2月25日）

カラカサン：移住女性のためのエンパワメントセンター・反差別国際運動日本委員会（IMADR-JC）〈編〉（2006）『移住女性が切り拓くエンパワメントの道――DVを受けたフィリピン女性が語る』解放出版社

カラカサンホームページ「プログラム」および「子どものプログラム」〔http://kalakasan.jp/jp/〕（アクセス日2019年5月10日）

南野奈津子（2017）「移住外国人女性における生活構造の脆弱性に関する研究――子育ての担い手としての立場に焦点をあてて」『学苑・人間社会学部紀要』第916号，61-74頁

三浦綾希子（2015）『ニューカマーの子どもと移民コミュニティ――第二世代のエスニックアイデンティティ』勁草書房

森田ゆり・部落解放研究所（1998）『エンパワメントと人権――こころの力のみなもとへ』解放出版社

三本松政之〈研究代表〉（2014）『移住生活者の生活支援における福祉課題の位置づけに関する日韓比較研究　平成21年度〜25年度科学研究費補助金報告書』，64-80頁

徐阿貴（2009）「ともに家族をつくる（4）――日本人男性をパートナーとする移住女性と法制度」川村千鶴子・近藤敦・中本博皓〈編〉『移民政策へのアプローチ――ライフサイクルと多文化共生』明石書店，146-147頁

曺興植〈著〉金圓景〈訳〉（2011）「韓国における文化的多様性と社会福祉政策の課題」

『日本社会福祉学会大会資料集』

武田里子（2011）「インタビュー調査から（1）外国人住民のもつ『つながり』方の多様性」『シリーズ多言語・多文化協働実践研究』第12号，31-49頁

坪田光平（2018）『外国人非集住地域のエスニック・コミュニティと多文化教育実践――フィリピン系ニューカマー親子のエスノグラフィー』東北大学出版会

山岸素子（2012）「移住女性が直面する複合的な課題――地域における支援とネットワーク活動の現場から」『国際人権ひろば』105号〔https://www.hurights.or.jp/archives/newsletter/sectiion3/2012/09/post-185.html〕（アクセス日2019年2月23日）

ヨー，ブレンダ（2007）「女性化された移動と接続する場所」伊豫谷登士翁〈編〉『移動から場所を問う』有信堂，155頁

第5章

朝日新聞「教育考差点　日本語教育必要な生徒」2018.9.30朝刊

ベネット，フラン（2017）「イギリスにおける近年の子どもの貧困対策から学べること」松本伊智朗〈編〉『「子どもの貧困」を問い直す――家族・ジェンダーの視点から』法律文化社，76-96頁

萩原周子（2016）「川崎市におけるヘイトスピーチ抑制と多文化共生社会構築のとりくみ」『自治体から発信する人権政策――ヘイトスピーチを含むすべての人種差別撤廃に向けて』（第36年次自治研作業委員会報告）〔http://www.jichiro.gr.jp/jichiken_kako/sagyouiinnkai/36-jinkenseisaku/pdf/02_02_2.pdf〕（アクセス日2018年11月13日）

井口泰（2016）「外国人労働者問題と社会政策――現状評価と新たな時代の展望」『社会政策』第8巻第1号，8-28頁

自治省（1987）「地方公共団体における国際交流の在り方に関する指針」〔http://www.clair.or.jp/j/docs/exchange_s62.pdf〕（アクセス日2020年1月21日）

自治省（1988）「国際交流のまちづくりのための指針」〔https://www.soumu.go.jp/kokusai/pdf/sonota_b9.pdf〕（アクセス日2020年1月21日）

自治省（1989）「地域国際交流推進大綱の策定に関する指針」〔http://www.clair.or.jp/j/docs/regiongroup_h00.pdf〕（アクセス日2020年1月21日）

関西テレビ放送（製作）（2014）『みんなの学校』

川崎市〈編〉（1997a）『川崎市史　通史編3　近代』

川崎市〈編〉（1997b）『川崎市史　通史編4上　現代・行政・社会』

川崎市〈編〉（1997c）『川崎市史　通史編4下　現代・産業・経済』

川崎市ふれあい館・桜本文化センター（2018）『だれもが力いっぱい生きていくために――川崎市ふれあい館30周年事業報告書』

川崎市教育委員会（2017）『かわさき外国人教育推進資料 Q&A　ともに生きる――多文化共生の社会をめざして』（18版）

金命貞（2011）「地域社会における多文化共生の生成と展開，そして，課題」『自治総研』第37巻6号，通巻392号，59-82頁

三浦知人（2018）「外国にルーツを持つ子どもとその家族への支援」『世界の児童と母性』

第84号，55-58頁

三浦知人（2019）「多文化が共生する地域社会をめざして」『月刊福祉』2019年4月号，
　34-39頁

中村雄二郎（1992）『臨床の知とは何か』岩波書店

大澤真平（2017）「貧困と若年女性のライフコース」松本伊智朗〈編〉『「子どもの貧困」
　を問い直す――家族・ジェンダーの視点から』法律文化社，171-189頁

三本松政之〈研究代表〉（2014）『移住生活者の生活支援と移民政策における福祉課題の位
　置づけに関する日韓比較研究　2013年度報告書』（2009年度～2013年度科学研究費補助
　金）

三本松政之・庄司洋子（1993）「施設-地域コンフリクトの現代的意義――ポスト「施設社
　会化」時代の社会福祉施設」古川孝順・庄司洋子・三本松政之編『社会福祉施設――地
　域社会コンフリクト』誠信書房

佐々木てる（2014）「在日コリアンとシティズンシップ」『移民政策』第6号，44-57頁

総務省自治行政局国際室長（2006）「地域における多文化推進プランについて」『総行国』
　第79号〔http://www.soumu.go.jp/main_content/000400764.pdf〕（アクセス日2018年11
　月13日）

資生堂社会福祉事業財団〈訳〉（1992）『カナダからのインフォメーション　レジデンシャ
　ル・ケアの児童とティーンエージャーのための手引き』資生堂社会福祉事業財団

髙谷幸・大曲由起子・樋口直人・鍛治致・稲葉奈々子（2015）「2010年国勢調査にみる外
　国人の教育――外国人青少年の家庭背景・進学・結婚」『岡山大学大学院社会文化科学
　研究科紀要』第39号，37-56頁

多民族共生人権教育センターホームページ〔http://taminzoku.com/news/kouken/
　kou0402_i.html〕（アクセス日2018年11月13日）

塚島順一（2016）「川崎市外国人市民代表者会議に至る過程――日立闘争を共に闘った
　人々の関与を中心に」『社会経営ジャーナル』第4号，54-62頁

山田貴夫（2007）「地方自治体の外国人住民施策――川崎市を事例として」富坂キリスト
　教センター在日朝鮮人の生活と住民自治研究会〈編〉『在日外国人の住民自治――川崎
　と京都から考える』新幹社，35-81頁

山脇啓造（2016）「多文化共生社会に向けて――国と地方自治体の取組を中心に」『法律の
　ひろば』第69巻第6号，4-11頁

第6章

朝倉美江（2009）「日系ブラジル移民の生活課題の特質と多文化生活支援の課題――不安
　定定住とその実態」三本松政之〈研究代表〉『複合的多問題地域にみる社会的排除の構
　造理解とその生活福祉支援に関する比較地域研究　平成17年度～平成20年度科学研究費
　補助金（基盤研究（C））研究成果報告書』，18-40頁

朝倉美江（2017）『多文化共生地域福祉への展望』高菅出版

IFSW（2014）International federation of social workers.〔社会福祉専門職団体協議会国
　際委員会・日本福祉教育学校連盟〈訳〉（2015）「ソーシャルワーク専門職のグローバル

定義」〔https://www.ifsw.org/wp-content/uploads/ifsw-cdn/assets/ifsw_64633-3.pdf〕（アクセス日2018年8月6日）〕

群馬県（2018）「多文化共生推進士について」〔https://www.pref.gunma.jp/contents/100076982.pdf〕（アクセス日2019年7月9日）

石河久美子（2011）「多文化ソーシャルワーカー養成の現状と課題」近藤敦〈編著〉『多文化共生政策へのアプローチ』明石書店，181-191頁

石河久美子（2012）『多文化ソーシャルワークの理論と実践――外国人支援者に求められるスキルと役割』明石書店

門美由紀（2012）「外国人住民への生活支援に於ける民間セクターの役割――その効用と課題」（博士論文）

門美由紀（2015）「文化的他者としての利用者と援助者」児島亜紀子〈編著〉『社会福祉実践における主体性を尊重した対等な関わりは可能か――利用者―援助者関係を考える』ミネルヴァ書房，70-96頁

門美由紀（2016）「エスニシティに配慮したソーシャルワーク実践――充実に向けての取り組みと課題」『ソーシャルワーク研究』第42巻第2号，27-33頁

門美由紀（2019）「国流の取り組みを捉えなおす――ソーシャルワークの視点から」とよなか国際交流協会〈編集〉牧里毎治〈監修〉『外国人と共生する地域づくり――大阪・豊中の実践からみえてきたもの』明石書店，144-161頁

門美由紀・三本松政之（2006）「外国籍住民の生活課題への臨床福祉的アプローチ――外国人労働者集住都市にみる複合的多問題をめぐって」『立教大学コミュニティ福祉学部紀要』第8号，109-124頁

かながわ国際交流財団（2011）「かながわの多文化ソーシャルワークの推進に向けて――多文化ソーシャルワーク検討事業報告書」

カラカサン：移住女性のためのエンパワメントセンター（2010）「報告書　移住（外国人）母子家庭の子どもの実態と支援に関する調査――DVや虐待などの暴力にさらされた子どものケア」

金命貞（2011）「地域社会における多文化共生の生成と展開，そして課題」『自治総研』第37巻第6号，通巻392号，59-82頁

厚生省社会・援護局（2000）「『社会的な援護を要する人々に対する社会福祉のあり方に関する検討会』報告書」

NASW（2015）NASW standards for cultural competence in social work practice.〔https://www.socialworkers.org/LinkClick.aspx?fileticket=PonPTDEBrn4%3D&portalid=0〕（アクセス日2018年6月15日）

日本経済団体連合会（2007）「外国人材受入問題に関する第二次提言」

大阪府「コミュニティソーシャルワーカー（CSW）」〔http://www.pref.osaka.lg.jp/chiikifukushi/csw/〕（アクセス日2019年8月1日）

埼玉県国際交流協会（2015）「平成26年度　多文化共生ソーシャルワーク推進事業　報告書」

三本松政之（2008）「移住生活者の福祉と生活支援」『法律のひろば』第61巻第12号，

26-33頁

総務省（2006）「多文化共生の推進に関する研究会報告書」

Sue, D. W.（2006）*Multicultural social work practice.* John Willey & Sons.

社会福祉法人鈴鹿市社会福祉協議会「地域福祉活動について」〔https://www.suzuka-sha kyo.or.jp/chiiki/plan.html〕（アクセス日2019年7月16日）

首相官邸（2018）「外国人材の受け入れ・共生のための総合的対応策」〔https://www.kan tei.go.jp/jp/singi/gaikokujinzai/kaigi/pdf/taiousaku_honbun.pdf〕（アクセス日2020年1月21日）

田村太郎（2000）『多民族共生社会ニッポンとボランティア活動』明石書店

鶴田光子（2015）「神奈川県における「多文化ソーシャルワーク講座」の考察と課題」第35回日本医療社会事業学会発表資料

吉嶋かおり（2019）「支援臨床──安心と信頼をつくる枠組と実践」とよなか国際交流協会〈編集〉牧里毎治〈監修〉『外国人と共生する地域づくり──大阪・豊中の実践からみえてきたもの』明石書店，36-52頁

終　章

米国国務省（2019）「2018年国別人権報告書──日本に関する部分」〔https://jp.usemba ssy.gov/ja/hrr-2018-ja/〕（アクセス日2020年1月21日）

本田哲郎（2006）『釜ヶ崎と福音──神は貧しく小さくされた者と共に』岩波書店

金竜介（2016）「まえがき」LAZAK（在日コリアン弁護士協会）〈編〉『ヘイトスピーチはどこまで規制できるか』影書房，2-3頁

毎日新聞「NZモスクで乱射　白人至上主義，背景か」2019.3.16朝刊

三木清（1998）『人生論ノート』青龍社

野尻富美（2019）「みんなの食堂実践報告」地域福祉実践研究フォーラム2018 in ふくい，2019年1月11日開催

吉原直樹（2017）「はじめに」伊藤守・小泉秀樹・三本松政之・似田貝香門・橋本和孝・長谷部弘・日高昭夫・吉原直樹〈編〉『コミュニティ事典』春風社，ⅱ頁

読書案内

『外国人と共生する地域づくり
──大阪・豊中の実践から見えてきたもの』

公益財団法人とよなか国際交流協会編集／牧里毎治監修，明石書店，2019年

◆門　美由紀◆

　本書は，とよなか国際交流協会（以下，とよなか国流）の25年間の実践を踏まえて，編纂されたものである。自治体の外郭団体として設置されることが多い国際交流協会・地域国際化協会であるが，その事業の中心は国際協力，国際交流から多文化共生へと広がりを見せ，外国人住民の滞在の長期化・永住化に伴い，後者へと軸足を移していった。とよなか国流は豊中市の外郭団体として，阪神淡路大震災後に「外国人のなかでも社会でより厳しい状況に置かれる人たちに焦点」を当てた活動を始めた。現在では，運営する「とよなか国際交流センター」の利用者の約4割が，外国人である。「外国人と日本人が出会い，ともにまちづくりを進める拠点」として，日々さまざまな活動を行っている。

　本書にはこれまでの，多文化共生を目指し取り組んできた活動事例や，地域づくりの方法がまとめられている。内容は，協会全体の事業の変遷と目指すところ，具体的な相談事業・子ども事業・日本語交流活動の内容と職員の試行錯誤の過程，そこに集う人々の様子の紹介や，ソーシャルワークの視点からの事業のとらえなおし，市や国の施策と各地での対応，基本理念の振り返り，地域福祉からのアプローチで構成されている。

　多文化共生に関する事業事例集[*1]や報告書などはこれまでにも種々見られるが，国際交流協会としての理念に基づく事業展開やその試行錯誤，職員の抱えるジレンマに焦点を当てたものは多くない。本書を読むと，人と向かい合い，地域に根づいて事業を展開する組織においては，基本理念をしっかりと掲げ，理念に基づき各事

＊1　たとえば，各国際交流協会のウェブサイトには，さまざまな事業の紹介，報告が行われている。また，一般財団法人自治体国際化協会（CLAIR）のウェブサイトでは，「多文化共生事業事例集」（CLAIR助成事業）が掲載されており，地方自治体の国際交流協会の取り組みを知ることができる。http://www.clair.or.jp/j/multiculture/shiryou/jigyo-genre.html（アクセス日2019年3月13日）。

業を位置づけ，それに沿って事業を展開していくことの重要性を実感する。その際には，職員やそこに集う人々と共に理念を創り上げ，事業実施の際にも常に共有していくこと，時にはその振り返りや見直しを行う必要があることが，事業の変遷を描いた章を通して理解できる。

　また，とよなか国流では，事業一つひとつを別個にバラバラなものとして位置づけるのではなく，「国際交流活動を推進する人づくり」「周縁化される外国人のための居場所づくり」「多文化共生の地域づくり」という目標を土台に据えている。事業が対象とする範囲や目的によるさまざまなコミュニティといった「空間・範囲の軸」と，人が生まれてから成長し年を取り亡くなっていくまでのライフサイクルや世の中の変化といった「時間軸」の双方を意識しつつ，各事業を有機的につなげていき展開してくことが，とよなか国流が一人ひとりにとってかけがえのない「場」としてあり続けるために欠かせないと，各章から伝わってくる。

　日本の外国人政策が大きく変わろうとしている現在だからこそ，「外国人労働者は地域においては生活を営む住民でもある」という視点を中心に据えて活動を行う各地の組織・機関が，外国人住民と共に各地での取り組みを発信し課題を提起し広く共有してくことが，今一層求められているのではないだろうか。

『まんが　クラスメイトは外国人
──多文化共生20の物語』

「外国につながる子どもたちの物語」編集委員会編／みなみななみ まんが，明石書店，2009年

◆門　美由紀◆

　2009年に発刊された本書には，在日韓国・朝鮮人，難民，日系人など，さまざまな文化的背景をもつ若者の，友人との関係，教育・進学・就職，アイデンティティ，親子の関係，在留資格などにまつわる全20話のストーリーが，漫画と解説を組み合わせる形で描かれている。そのうち2話は実話を再現したもの，残り18話は100人を超える子どもたちの体験を踏まえ，性別・年齢・家族構成・国籍などの設定を変えて構成されている。本書を編んだ「外国につながる子どもたちの物語」編集委員会は，地域で子どもと家族の教育相談，学習支援教室，交流会等を行ってきた中・高・大の教員6名により構成されており，それぞれの現場での経験を踏まえたリアルなストーリーとなっており，各話には明確なメッセージが込められている。

　「導入」としての第1話で，ディエゴはブラジルからの転校生で，言葉や文化の違いからすれ違いが生まれケンカになる。だが，編者は解説で，国によってはすぐに謝るのではなく納得のいくまで話し合う文化もあること，「考え方の違いを知り，気持ちを伝えあうことにより，自分たちの考え方を変えることができるチャンス」ととらえてはどうかと述べる。

　第2〜7話までは，「日本に住んでいる理由や背景」が描かれている。ユヘは日本で生まれて日本で育った在日韓国人だ。ナミは小学3年生のときに，中国残留孤児の祖母と共に来日した。リカルドの祖父母は，幼いころ沖縄からボリビアに移住し，そしてまた日本にやってきた。フォンの母親はインドシナ難民として，ネブローズ姉妹は国を追われて，ブライアンは出稼ぎで来日し国際結婚した母親に呼び寄せられて，それぞれ来日した。各話ごとの解説では，子どもたちが日本で暮らすこととなった政治・経済・社会的な背景が，歴史的経緯を踏まえて整理されている。

　第8〜12話は，「子どもたちの学びと課題」が描かれている。家族の通訳で学校

を頻繁に休まざるをえないビアンカ，オーバーステイの両親と暮らすジョシー，母親は日本語が，自身はクメール語がそれぞれあまり話せず，コミュニケーションを取れなくなってきているソフィーラ，高校進学や将来についての情報がなく夢を持てないアンドレなどである。言葉，教育，アイデンティティ，情報や制度といったさまざまな壁が，子どもたちの日々の生活，成長に大きな影響を与えていることが理解できる。

　第13〜16話は，「差別と不信を生む排外的な気分と制度」として，「ガイジン」と呼ばれていじめられているタオ，関東大震災時の朝鮮人への迫害を経験した栄子，「外国人犯罪」について調べるアリ，スンジャとその母親の経験を通して描かれる指紋押捺制度廃止とテロ対策としての指紋登録についての物語となっている。ヘイトスピーチが各地で起こり，また国の外国人受け入れ政策が大きく変わる今，私たちはこれまでの歴史的経緯を踏まえ改めて現在の社会的状況と制度政策の課題を考える必要性がある。

　第17〜19話の「アイデンティティと自己実現」で私たちは，アレックスの経験を通して，日本語ができても外国人名であることでアルバイトや就職で経験する差別を，美里の物語では差別を避けるために本名ではなく通名を名乗らざるを得ない状況があることなどを知る。そして，さまざまな壁を経験しながらも，夢をあきらめずに保育士になったリリアンのストーリーから，多文化の背景をもつ若者へのメッセージを受け取る。

　最後の20話は「多文化共生への道」として，ジュワニと仲良くなった日本人の若者の目線から，差別と共生についての課題が提起されている。

　現在とは制度政策やデータなどに変化も見られるものの，本書で描かれる「20の物語」と似たようなことは，今なお各地で起こっている。母親がフィリピン出身で，同級生から母親の悪口を言われ，班から外され一人で給食を食べるなどのいじめを受け，自ら命を絶ってしまった女の子（群馬県桐生市2010年[*2]），働いているコンビニで客から「ガイジンなのに日本人の名前かよ」と言われ，「私はいつに

＊2　群馬県桐生市で2010年に，小学6年の上村明子さん（当時12歳）が自殺した。両親が市と県に3,200万円の損害賠償を求めた訴訟の判決が前橋地裁で2014年3月14日におり，学校でのいじめと校長らの不適切な対応と自殺との因果関係が認められ，市と県は450万円の支払いを命じられた。https://www.nikkei.com/article/DGXNASDG1401Y_U4A310C1CC0000/（アクセス日2019年3月13日）

なったら“ガイジン”じゃなくなるんだろう」と，子どもの頃からのいじめに思い
をはせる19歳の女性[3]など，少し意識を向けるとニュースなどで目にする機会も
少なくはない。こうした若者たちと，同級生やバイト仲間として出会うこともある
だろうし，子どもたちの親と学校行事や職場で出会うこともあるだろう。私たち一
人ひとりがその背景を知り，自身のなかにある差別や偏見の意識に気づき，対等な
関係を築いていくためにも，ぜひ本書を友人や親子で共に読み，感想を語り合って
みてほしい[4]。

　そして，本書に加え，多文化の背景をもつ若者自身による漫画である，星野ルネ
著『まんが　アフリカ少年が日本で育った結果』（毎日新聞出版，2018）や，旧東
ドイツに労働者として移住した若者たちの話をグラフィックノベルとして描いた，
ビルギット・ヴァイエ著・山口侑紀訳『マッドジャーマンズ──ドイツ移民物語』
（花伝社，2017）もぜひ読んでみてもらいたい。

＊3　NHK NEWS WEB「News Up　いじめられる理由を教えてください」2019年3月
　　7日。https://www3.nhk.or.jp/news/html/20190307/k10011837911000.html?fbclid=
　　IwAR0fP0iQDXsuDDAoINI4qviUG84GAjYIB0NnpoxRnC8agC9US8XlzeS1-sg（アク
　　セス日2019年3月13日）。
＊4　なお，3月に課題編として新刊が出た。「外国につながる子どもたちの物語」編集
　　委員会編／みなみななみまんが（2020）『まんが クラスメイトは外国人 課題編──
　　私たちが向き合う多文化共生の現実』明石書店。

読書案内 3

『外国人の子ども白書
——権利・貧困・教育・文化・国籍と共生の視点から』

荒牧重人・榎井縁・江原裕美・小島祥美・志水宏吉・南野奈津子・宮島喬・山野良一編, 明石書店, 2017年

◆原　史子◆

　現在の日本では，外国人の子どもに特化した統計やデータは限られており，現状を把握するのは難しい。「外国にルーツをもつ子ども」となるとなおさらであり，日本国籍をもつ外国にルーツをもつ子どもについては，その数すら正確に把握することは困難である。本書は，タイトルが「外国人の」とされているが，内容は外国人の子どものみならず，外国にルーツを持つ子どもも含み，その現状と支援の課題がまとめられた貴重な白書である。

　第1章では「外国人と外国につながる子どもたちのいま」として，日本で生まれ育つ外国人の子どもたち，在日コリアンの子どもたち，インドシナ難民の子どもたちアメラジアン（アメリカ人とアジア人の両親をもつ人）の子どもたちなどを含む，外国につながる子どものさまざまな姿が整理されている。続く章では，「子どもにとっての移動の経験」（第2章），「家族生活のなかの子ども」（第3章），「子どもの貧困と権利侵害」（第4章），「教育と学校」（第5章），「人権保障と子ども」（第6章），「子どもと国籍」（第7章），「子どもの在留資格」（第8章）と，外国につながる子どもの生活を全体的にとらえようとする構成となっている。そして，第9章「子ども支援の現場」では，いじめへの対応，児童福祉施設における外国人の子どもへの支援，DV被害の母と子どもへの対応，子ども医療互助会制度，青年期の教育・就労支援，非行少年の社会復帰支援などが取り上げられ，幅広い分野における支援の実際と課題が述べられている。最終章の第10章は，「幼児の国際移動と子どもの権利」として，国際養子縁組や国際人身売買，ハーグ条約などについて扱われている。本書全体を通して，日本で生活する外国につながる子どもたちは，教育の場や就職の際に，そして，アイデンティティ形成の問題も含め，困難が多いことが浮かび上がる。

　宮島喬は編者代表として序文のなかで，「国籍をとわず平等に扱うことは大事だが，彼らの努力では容易に乗り越えられない不利，過酷な条件，障害などがあると

き，それを克服させる特別な支援は欠かせない」と述べている。平等原則が蔓延しており，ともすればさまざまな問題が自己責任に帰されがちな日本社会において，その問題の背景を見据え，支援を検討していくことは必要不可欠であり，その際に本書は有用であろう。

　子どもたちに日常的に関わる者（特に保育士をはじめとする社会福祉専門職や教員など）には，本書の巻末にも資料として掲載されている「児童（子ども）の権利に関する条約」（1989年国際連合採択，1994年日本批准）の一つひとつの条文を確認し，第2条にある「いかなる差別もなしにこの条約に定める権利を尊重し，及び確保する」姿勢が求められている。そのためには，まず，外国につながる子どもたちの現状について，本書を通して知ることが第一歩となろう。

　外国につながる子どもたちが，日本とルーツのある国との架け橋となり，日本社会に多様な視点をもたらす存在となるか否かは，日本社会に委ねられているといっても過言ではないだろう。

```
読書案内 4
```

『3.11後の多文化家族
── 未来を拓く人びと』

川村千鶴子編著，明石書店，2012年

◆ 新田さやか ◆

　東日本大震災とそれに伴う福島第一原子力発電所の大規模な事故から9年が経った今，「あの日」は多くの人にとっては「過去」になりながら，被災し，大切な人や居場所を喪った人にとっては，いまだに忘れることのできない一日である。本書は震災から約1年が経過した2012年に出版された。本書を読むことによって，私たちは「あの日」に引き戻される。しかしながら，それは悲しみや苦しみ，恐怖を伴う「負」の記憶をもう一度思い返す作業である一方，非常時であった「あの日々」に多様な人々の間で行われた支援の実践を知り，その意味を考えることでもある。

　編著者である川村千鶴子は，「はしがき」で，「本書は3・11東日本大震災後，被災者とこれまで社会のマイノリティとみなされてきた外国籍住民，国際結婚女性，難民申請者，難民認定者，無国籍者，「孤族」と呼ばれる高齢者や障害者たちが，震災をどのように生き，支援活動に向かい，日本社会へのどのような信頼と価値観を抱くに至ったのか，人びとの『間』を映し出した」と述べ，その射程を「人びとのケアの実践と『多文化家族の絆』」に据える。

　本書は第1〜10章までの各章と，3篇のコラムによって構成されている。執筆者の出身地は岩手県，福島県，ブラジル，ビルマ（ミャンマー），韓国，台湾と，多様である。その内容も，自らの体験，被災した外国籍住民へのインタビューや，彼らとの対話，アンケート調査，データ分析と，多様な方法によって書かれている。多様なルーツをもつ執筆者それぞれの2011年3月11日と，それ以降の体験，震災発生時とその後の社会のあり様が本書では論じられている。

　本書の執筆者の一人であるチョウ・チョウ・ソーは，ビルマから難民として来日した在日ビルマ人である。彼のコラムは，「困っている人がいたら，助けるのはあたりまえ」というボランティア・スピリットであふれている。この思いはチョウの文章だけにみられるものではなく，それぞれの執筆者の論考にも通底するものである。「あの日」を体験したそれぞれが，何かをせずにはいられず，何もできなくと

も亡くなった人，悲しみのうちにある人，途方に暮れるたくさんの被災地の人のために，「祈り」を捧げた。

「何か」が実際の行動に変化したものとして，本書のキーワードの一つである「ケアの実践」があった。誰かの悲しみ苦しみ，今を生きることに精一杯である状況に対し，「ケア」という行為を通して見知らぬ者同士がつながり，顔見知りの関係にある人たちの間にも新たなつながりが形成される契機となった。そうした当時の状況は，第6章の執筆者である李仁子の，「よそ者が地域にとけ込むための余地を震災が生み出した」との言葉に象徴される。

当時，日本で生活していた外国籍住民は，自分が「ケアの担い手」となるべく試行錯誤し，被災地に赴いたり，自らのいる場所で支援活動を行ったりした。さらに，東日本大震災と福島の原発事故は，家族と共に，あるいは家族と離れて生活をしていた外国につながる人にとっては，「家族」との関係のあり方を考える大きな出来事でもあった。日本語に不慣れな外国につながる人にとって，さまざまな「情報の共有」やホスト社会での信頼できる人間関係は，生活を継続していくうえで欠かせないものであるということも本書によって明示されている。

「あの日」以降に多文化につながる人たちが積み重ねてきた「ケアの実践」が，日本社会で生活する私たち一人ひとりの「生の保障」につながるものであることを，読者は深く理解することのできる一冊である。

読書案内 5

『地域におけるソーシャル・エクスクルージョン ——沖縄からの移住者コミュニティをめぐる地域福祉の課題』

加山弾著，有斐閣，2014年

◆朝倉美江◆

　2019年2月24日に沖縄辺野古県民投票が行われ，新基地反対が71％を占め，民意は明確に示された。しかし，次の日もそれ以降も，辺野古の基地建設は何事もなかったかのように継続している。なぜ沖縄の民意は無視され続けているのだろうか。

　沖縄人とは何か。著者は沖縄を，約450年間，独立国家であった琉球王国であり，琉球処分によって独立制を奪われ沖縄県が設置されたという歴史から，そのポストコロニアルな位置づけを明確にしている。さらに日本の近代化の下，沖縄では国内外へと多くの移民が生み出され続けた。沖縄が劣位な状況に置かれ続け，その地に住み続けることが困難なことから，沖縄人はディアスポラとされた。さらに第二次世界大戦時の地上戦では，「捨て石」にされた犠牲者の半数近くが，沖縄人であった。敗戦後も米軍基地の約75％が沖縄にあり，今なお沖縄は日本から排除され続けている。つまり沖縄人とは，日本とは異なる「国」，文化をもつ移民（ディアスポラ）であると位置づけられている。

　本書は，理論編と事例編からなり，理論編の第1章では，地域福祉の問題設定の方法として，「どのような問題があるか，当事者にとって何が問題なのかの解明」に軸足を置く，問題分析型研究アプローチを提起している。第2章では，社会的排除が「経済的」「政治的」「文化的」側面の排除，つまり三側面におけるアクセシビリティの制約から構成されていることを確認し，そのなかで「文化的側面の排除」に焦点を当てることの重要性を提起している。排除される沖縄人の問題は，地域福祉が目指すソーシャル・インクルージョンのなかで，「不当な扱いを受けることを承知の上であっても，多くの場合，ホスト社会への包摂を求める以外に生きる方途をもっていないという現実」がある。第3章では，グローバリゼーションのなかで進展する多文化化に対応するソーシャルワークが求められていること，その背景にある多文化主義について，「機会」と「リスク」という二面性を配慮した援助が必

要であることを論じている。そのうえで，多文化を意識して先駆的に取り組んでいる３事例の調査から，多文化にまつわる問題を含めた制度運営，支援ネットワーク，ガバナンスなどが展開され，当事者側との対話により，本質的な価値や理念を共有・構築していたことを検証している。

　事例編の第４章，第５章では，沖縄が17世紀初頭に琉球としての独立制が奪われて以降，近代化の過程における沖縄人の貧困と差別の歴史，なかでも国内外への移住の過酷な実態を，文献から詳細に分析し明らかにしている。そのうえで第６章，第７章では，本土で最大規模の沖縄人集住地区である関西のＡ市Ｂ区を事例として，沖縄人の現状を明らかにしている。移民二世は一世の時代と同じように排除されており，アイデンティティを表明してなおマジョリティとの溝が深い。「多文化性という要素を踏まえない地域福祉実践は，やはり欠陥含みであったといわざるを得ない」という。第８章では，ローカル・ガバナンスと問題解決力の醸成として，「琉球の自治」論に焦点を当てて論じている。沖縄の自治・独立・自立の論議が活発化しているなかで，沖縄人コミュニティを，ゆるやかな地域内分権をもつサブコミュニティとしてその固有の地域特性を特徴づけ，当事者の自治力向上を図る視点が重要である。さらに，沖縄人は出身地と一心同体の関係があり，その関係はディアスポラとしての宿命的なものであることを確認している。

　著者は終章で，ディアスポラへの援助デザインとして，①移民の「歴史性」への着目，②出身地とホスト社会との「相対性」への着目が不可欠であること。そのうえで，ソーシャル・エクスクルージョンの解題には，当事者自身の語り，当事者のもつフレームを中心とすること。さらに，多文化化が進展する今日において，沖縄人を典型とする「内なる多文化性」はわれわれの向き合うべき生活課題であるとして，新しい地域援助の視点と課題を提起している。

　沖縄人というディアスポラの「文化的排除」は，沖縄の民意を置き去りにしたままの「地域共生」や「多文化共生」の推進が，いかに表層的なものかを私たちに突きつけている。

読書案内 6

『多文化共生地域福祉への展望
──多文化共生コミュニティと日系ブラジル人』

朝倉美江著，高菅出版，2017年

◆ 三本松政之 ◆

「多文化共生地域福祉への展望」と題した本書は，2005年から，外国人労働者の集住地域の一つである岐阜県を対象とした筆者たちとの共同研究で，中心的な役割を担ってきた朝倉による，10年を超える調査研究の成果に基づく書である。

朝倉は，共同研究の初期の調査研究から，日系ブラジル人の労働者の「不安定定住」という特徴を見出した。不安定定住とは，「不安定就労であることによって居住も不安定であり，そのことがコミュニティでの人間関係をも不安定化させるということ」だという。そして彼らは，居住地域のコミュニティからは排除される。地域福祉の研究者である朝倉は「コミュニティから排除される日系ブラジル人の問題をどのように解決することが可能だろうか」と問う。

朝倉は，調査を始めた2000年代初頭に，外国人集住都市の相談機関や社会福祉協議会などに移民問題に関してヒアリングをしても，「外国人」の問題として認識もされておらず，社会福祉協議会でも多文化を意識した取り組みはほとんどなされていなかったと記している。近年に至って，社会福祉の学会でも外国人住民の問題が取り上げられるようになってきたが，調査を始めた頃には社会福祉学においてのこのテーマへの関心は，極めて低かった。

このような状況において，調査研究を進めるなかで朝倉が注目したのが，トランスナショナルな移住の実態である。朝倉は，「従来の社会福祉・地域福祉は，日本に永住する人々を前提に支援が行われていた」とし，「日本というナショナルなコミュニティを超えた国際間の支援が必要不可欠なものとなる」という認識をもつようになる。そして，このような状況への支援の枠組みとして提示されたのが，「多文化生活支援システム」である。それは，「『流動性』が高い移民の生活を支えるために国境を越えたコミュニティを位置づけた生活支援のシステム」であり，国家を越えた生活，さらに国境をまたいだ複数国にまたがる家族の問題を解決するためのものである。これは従来の社会福祉研究の枠組みへの問いでもある。

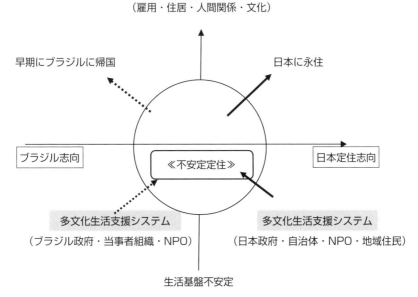

生活基盤安定
（雇用・住居・人間関係・文化）

早期にブラジルに帰国

日本に永住

ブラジル志向

≪不安定定住≫

日本定住志向

多文化生活支援システム
（ブラジル政府・当事者組織・NPO）

多文化生活支援システム
（日本政府・自治体・NPO・地域住民）

生活基盤不安定

図　トランスナショナルな移住を支える多文化共生地域福祉の枠組み（朝倉，2017，p. 235）

　グローバル化のもとで，移民などの社会的に排除される人々を包摂するコミュニ
ティは，「国家を越え，トランスナショナルな移住を支えられる複数国家間のコ
ミュニティ，国際的なコミュニティを視野に入れた多元的なコミュニティ」として
構想されることが求められるという。このような論述はともすると，理念的なもの
と受けとめられるかもしれない。しかし，朝倉のこの主張は，岐阜などでの国内で
の調査，二度にわたるブラジルでの現地調査，また数度に及ぶ韓国での外国人労働
者や結婚移住女性の支援団体，また当事者からの聴き取りに基づいて導き出された
ものである。

　だから，朝倉は「国境を越えた『不安定定住』の移民の生活問題を解決するため
には，従来のナショナルな空間であるコミュニティでは限界があることが明らかで
あった」と言い切る。そして，「従来の地域福祉論が定住を前提として理論化され，
さらに地域福祉実践も同様に行われていたことから，定住が所与のものでない私た
ちの生活を支援することに限界がある」とする。日本国内での「流動性」の高ま

り，移動することを前提としたコミュニティの創造が課題とされる。

　以上に紹介してきた朝倉の構想は，同書の「トランスナショナルな移住を支える多文化共生地域福祉の枠組みに」の図に集約されている（図参照）。図を参照しつつ本書を読み解くことを通して，多くの福祉関係者にテーマとされた「多文化共生地域福祉への展望」を共有してほしい。

『コミュニティ事典』

伊藤守, 小泉秀樹, 三本松政之, 似田貝香門, 橋本和孝, 長谷部弘, 日髙昭夫, 吉原直樹編, 春風社, 2017年

◆ 朝倉美江 ◆

　コミュニティに関する総合事典『コミュニティ事典』は，3.11以後，より注目度が高まっているコミュニティが，混迷する現代社会においてどのような役割を果たし，何を期待されているのかを考える多くのヒントを与えてくれている。

　本事典は総論として，①コミュニティの思想と歴史，②国家・地方制度のなかのコミュニティ，③近代日本社会とコミュニティ，④ボランティア，NPO，NGO とコミュニティ，⑤グローバル化とネットコミュニティ，⑥変容するエスニック・コミュニティについてそれぞれ多様な視点から論じられている。そのうえで各論として，⑦まちづくりとコミュニティ，⑧社会計画・社会開発とコミュニティ，⑨福祉とコミュニティ，⑩安全・安心とコミュニティ，⑪災害・復興とコミュニティ，⑫アジアのコミュニティ，⑬欧米のコミュニティ，⑭コミュニティ・プランニングの対象と方法，⑮コミュニティ・スタディーズの対象と方法について，具体的な課題とともにコミュニティの役割が論じられている。

　吉原直樹は，コミュニティが多義的に論じられていることを踏まえ，「今日，コミュニティへの問いは，より広い文脈の下に置かれ，その概念的拡散と相まってますます混迷の度を深めている。他方で，ジムグンド・バウマンが指摘するように，人々の間でコミュニティに『戻りたいと心から望み，そこに至る道を熱っぽく探し求める』動きが強まっている。とりわけポスト3.11において，そうしたコミュニティ・インフレーションとでも呼んでいいような状況が社会の前景に立ち現れている」と論じ，そのようななかでコミュニティの問い直しが求められているという。そのうえで，「コミュニティは今日，専門知と実践知がしのぎをけずる場ともなっており，こうした問いの連鎖はいっそう複雑な様相を呈している」と，コミュニティが新たな知を生み出し，私たちの社会や生き方を変えつつあることを示唆している。

　本事典は全1,168ページに及び，278人の執筆者による膨大なものであるが，その

なかで，多文化福祉コミュニティに関わる総論の⑥変容するコミュニティについて紹介したい。この総論⑥で三本松政之は，「今日のグローバリゼーションによる多文化社会化の進展という新たな状況のもとで，そこに生じる外国にルーツを持つ人々に関わるさまざまな生活課題への取り組みには，エスニック・コミュニティでの相互支援，生活の場となる地域コミュニティ内における異質な主体間での生活諸課題に対する認識の共有が求められている。今日このような状況のもとでは社会的排除と包摂をめぐる課題解決の社会的な資源としてのコミュニティのもつ意義は大きい」とし，「変容するエスニック・コミュニティ」では，エスニック・コミュニティの変容とそれにともなう今日的課題を紹介している。

グローバル化のなかのエスニック・コミュニティの研究は，資本主義発展の初期のシカゴ学派都市社会学の展開にみるように，都市研究と密接な関係をもつ。日本においても，オールドカマーズ（オールド・タイマーズ）としての在日朝鮮人によるエスニック・コミュニティが形成されてきた。そこでは，国籍，朝鮮半島での出身地，世代，ジェンダーなどの差異がみられる。1980年代以降に増加したニューカマーズらの係留地としての機能を，大都市のインナーシティはもつ。インナーシティなどで多様なエスニック・コミュニティが形成され，貧困や移民第二世代の課題，トランスナショナルな移住による国境を越えた家族という紐帯や社会関係も課題となり，デニズンシップが注目され，その前提として，コミュニティでの異質・開放的な協働性への認識と，地域的公共性の構築が，課題となっている。それらの諸課題の様相，支援の実態や課題，新局面について各分野の研究・実践を踏まえた興味深い内容である。

資　　料

$\boxed{資料\ 1}$

在留資格について

　政府は2018年6月に，2025年までに50万人超の外国人労働者の受け入れを目指すと発表した。そして12月には出入国管理及び難民認定法（入管法）の改正が成立し，「特定技能」という新しい在留資格により，外国人労働者を受け入れることとなった。

　在留資格とは，外国人が日本に入国・在留するための資格である。入管法の別表により，在留中に行うことができる活動，在留することのできる期間が在留資格ごとに法定されている。

　2019年4月現在，29の在留資格が定められている。

　表1にあるように，在留資格は「就労が認められる在留資格（活動制限あり）」「身分・地位に基づく在留資格（活動制限なし）」「就労の可否は指定される活動によるもの」「就労が認められない在留資格（※）」に分けられる。また，在日韓国人・朝鮮人・台湾人およびその子孫は特例法によって特別永住者の在留資格が認められている。

　2019年4月から施行される新しい在留資格，「特定技能」の対象は「14分野」であるが，2019年4月からの特定技能1号試験実施は，「3分野」（介護・宿泊・外食）となっている。

　最新情報は出入国在留管理庁ウェブサイト[1]などを確認してほしい。

　なお，社会保障制度の適用については，雇用されて働く外国人は日本人と同じく，加入する健康保険，年金制度は事業所の規模，労働時間により決定する。生活保護については「適法に日本に滞在し，活動に制限を受けない永住，定住などの在留資格を有する外国人[2]については，国際道義上，人道上の観点から，予算措置として，生活保護法を準用」[3]している。

---

*1　http://www.moj.go.jp/nyuukokukanri/kouhou/nyukan_index.html（アクセス日2019年5月10日）。

*2　出入国管理及び難民認定法の別表第2の在留資格を有する者（永住者，定住者，永住者の配偶者等，日本人の配偶者等），特例法の特別永住者（在日韓国人，在日朝鮮人，在日台湾人），入管法上の認定難民。

1．在留資格一覧表

就労が認められる在留資格（活動制限あり）	
在留資格	**該当例**
外交	外国政府の大使，公使等及びその家族
公用	外国政府等の公務に従事する者及びその家族
教授	大学教授等
芸術	作曲家，画家，作家等
宗教	外国の宗教団体から派遣される宣教師等
報道	外国の報道機関の記者，カメラマン等
高度専門職	ポイント制による高度人材
経営・管理	企業等の経営者，管理者等
法律・会計業務	弁護士，公認会計士等
医療	医師，歯科医師，看護師等
研究	政府関係機関や企業等の研究者等
教育	高等学校，中学校等の語学教師等
技術・人文知識・国際業務	機械工学等の技術者等，通訳，デザイナー，語学講師等
企業内転勤	外国の事務所からの転勤者
介護	介護福祉士
興行	俳優，歌手，プロスポーツ選手等
技能	外国料理の調理師，スポーツ指導者等
特定技能（注1）	特定産業分野（注2）の各業務従事者
技能実習	技能実習生

身分・地位に基づく在留資格（活動制限なし）	
在留資格	**該当例**
永住者	永住許可を受けた者
日本人の配偶者等	日本人の配偶者・実子・特別養子
永住者の配偶者等	永住者・特別永住者の配偶者，我が国で出生し引き続き在留している実子
定住者	日系3世，外国人配偶者の連れ子等

＊3　社会保障審議会福祉部会生活保護制度の在り方に関する専門委員会2004「第12回（平成16年6月8日）説明資料」https://www.mhlw.go.jp/shingi/2004/06/s0608-6a2.html（アクセス日2019年5月10日）。

就労の可否は指定される活動によるもの	
在留資格	**該当例**
特定活動	外交官等の家事使用人，ワーキングホリデー等

就労が認められない在留資格（※）	
在留資格	**該当例**
文化活動	日本文化の研究者等
短期滞在	観光客，会議参加者等
留学	大学，専門学校，日本語学校等の学生
研修	研修生
家族滞在	就労資格等で在留する外国人の配偶者，子

※ 資格外活動許可を受けた場合は，一定の範囲内で就労が認められる。
(注1) 平成31年4月1日から
(注2) 介護，ビルクリーニング，素形材産業，産業機械製造業，電気・電子情報関係産業，
建設，造船・舶用工業，自動車整備，航空，宿泊，農業，漁業，飲食料品製造業，外食業
（平成30年12月25日閣議決定）

　出入国在留管理庁（2019）「在留資格「特定技能」について」（平成31年4月）。http://
www.moj.go.jp/content/001293198.pdf（アクセス日2019年5月10日）

2．新たな在留資格の特徴

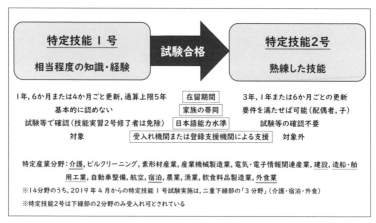

　出入国在留管理庁（2019）「在留資格『特定技能』について（平成31年4月）」を参照
し，作成。http://www.moj.go.jp/content/001291692.pdf（アクセス日2019年5月10日）

日本の移民政策に関する年表

全国，神奈川を中心に特徴的なところ

	国内の移民関連の出来事	設立団体
1945	8 ポツダム宣言受諾を通告	
1947	日本国憲法施行 外国人登録令公布・施行	
1950	朝鮮戦争	
1951	出入国管理令公布・施行	
1952	サンフランシスコ平和条約発効，占領終了 4 「平和条約に伴う朝鮮人台湾人等に関する国籍及び戸籍事務の処理について」法務府民事局長通達（旧植民地出身者は日本国籍喪失，意思による国籍選択認めず） 4 外国人登録法公布・施行（指紋押捺制度導入・外国人登録証常時携帯義務付け）	
1965	12 日韓の法的地位協定実施に伴う出入国管理法特別法公布（1966.1.17施行）（韓国籍の「法126-2-6該当者」とその子孫に永住資格（「協定永住」）許可）	滞在長期化で社会保障や就職などにおける差別に立ち上がる
1969		桜本保育園開設
1972	日中国交正常化	
1973	中国残留婦人・孤児の日本帰国が見られるように	社会福祉法人青丘社
1974	日立の就職差別闘争（日立闘争）勝訴	民族差別と闘う連絡協議会（民闘連）
1976	「外国人労働者は受け入れない」閣議決定で了承（1967，1973年を踏襲）	
1977		在日韓国・朝鮮人の国民年金を求める会
1978	4 「ベトナム難民の定住許可に関する閣議了解」 10 「最高裁マクリーン事件判決」（外国人の人権は在留制度の枠内で保障）	
1979	9 国際人権規約批准	

1980	1980年前後〜　女性移住労働者“じゃぱゆきさん”，アジアからの外国人労働者増加 2　難民定住促進センター，大和市に開設（1979.12に姫路に開設） 住宅金融公庫法，公営住宅法等の国籍条項の解釈変更	
1981	6　出入国管理令一部改正法及び「難民条約関係整備法」公布（1982.1.1施行）（「出入国管理及び難民認定法」に改称，一定の要件を有する「協定永住」権を有しない在日朝鮮人・台湾人に一般永住資格（「特例永住資格」）付与 11　厚生省通知「国民健康保険法施行規則の一部を改正する省令の施行について」（外国人登録を行い１年以上滞在する在留資格のある外国人，在留期間が１年未満でも外国人登録を行い，１年以上の在留が認められる者に国民健康保険法適用）	
1982	1　難民条約関係国内法整備（国民年金法，児童手当法，児童養護手当法，特別児童養護手当法の国籍要件撤廃） 難民に国民健康保険法を適用 外国人研修生を「留学生」として認める 難民の地位に関する条約，日本で発効 就学ビザ発給開始	「川崎在日韓国・朝鮮人教育をすすめる会」結成
1983	指紋押捺拒否者，初の逮捕（京都） 「留学生10万人計画」発表 インドシナ難民の地域への居住増加	
1984	2　中国帰国孤児定着促進センター開所（94年中国帰国者定着促進センターに名称変更）	神奈川シティユニオン みどり日本語の会
1985	1　国籍法及び戸籍法一部改正法施行（出生による国籍取得につき父母両系血統主義採用，国籍取得・国籍選択制度の創設など） 6　女子差別撤廃条約批准（7.25発効）	滞日アジア女性問題を考える会（現コムスタカ）
1986	4　国民健康保険法施行規則改正（国民健康保険法の国籍要件廃止） 「川崎市在日外国人教育基本方針―主として在日韓国・朝鮮人教育」制定	
1987	自治体職員の現業職に限り，国籍条項の撤廃すすむ 9　外国人登録法改正法公布（1988.6.1施行）（指紋押捺は１回限り，指紋再押捺命令権新設）	カラバオの会
	1　労働省通知「外国人の不法就労等に係る対応につ	

1988	いて」（労働関係法令は国籍・在留資格と関係なく適用，入管法違反事件は出入国管理行政機関に通報） 日系人出稼ぎ増加 日本語学校各地で増加 外国人労働者問題関係省庁連絡会議の設置 中国帰国者・家族の地域での定住	川崎市ふれあい館開館 ユッカの会
1989	超過滞在者10万人突破 6　労働省通知「入管法上不法就労である外国人労働者の入管当局への情報提供について」 12　出入国管理及び難民認定法改正法公布（1990.6.1施行）（専門職・熟練職受け入れ拡大（資格10種類新設），「研修」を独立した在留資格として認める，「定住者」資格新設，不法就労助長罪を新設） 国際結婚年間2万件を突破（全体の3.2%）	
1990	厚生省，定住外国人以外の外国人は生活保護法の対象とならない旨の口頭通達→外国人医療問題深刻化 6　法務省告示（平成2年法務省告示第132号）で，日系人は「定住者」に	かながわ女のスペースみずら
1991	1　日韓外相「在日韓国人の法的地位・待遇の（韓日）覚書」に調印 1　文部省通知「日韓法的地位協定における教育関係事項の実施について」（在日韓国人に対し，学校の課外での韓国語・韓国文化等の学習機会提供承認。就学案内送付。その他外国人もこれに準じた取り扱い） 3　文部省通知「在日韓国人等日本国籍を有しない者の公立学校の教員への任用について」（外国籍住民の公立学校教員採用試験受験承認。期限を付さない常勤講師に限る） 5　日本国との平和条約に基づき国籍を離脱した者等の出入国管理に関する特例法公布（11.1施行）（「特別永住資格」新設，退去強制事由を重大犯罪に限定，再入国有効期間を最高5年に） 超過滞在者，20万人突破	みなとまち健康互助会・MF-MASH
1992	厚生省，1年未満滞在の外国人，国保加入から排除 建設省，外国人登録者には公営住宅入居資格を日本人と同等にするよう指示 2　法務省・警察庁・労働省「不法就労外国人対策等関係局長連絡会議」「不法就労外国人対策等協議会」設置 6　外国人登録法改正法（平成4年法律第66号）公布（1993.1.8施行）（永住外国人を指紋押捺制度から除	女性の家サーラー

	外，家族登録制度導入） 6　法務省「第一次出入国管理基本計画」（「技能実習制度」の創設検討）	
1993	「外国人技能実習制度」を創設 中国残留婦人・孤児の私費帰国認める 外国人登録者，日本総人口の 1 ％超，超過滞在者30万人超に 4　法務省「技能実習制度に係る出入国管理上の取扱いに関する指針」（平成 5 年告示第141号）（技能実習生の滞在期間を 2 年に） 4　労働省「技能実習制度推進事業運営基本方針」公示	財団法人とよなか国際交流協会 日本語ボランティアネットワークの増加
1994	3　「児童の権利条約」批准（5.22発効） 日本保育協会調査，外国籍園児 1 万人を超す 10「中国在留邦人等帰国促進及び永住帰国後の自立支援法」（法律第30号）公布（10.1施行）	
1995	改正入管法成立（平成 9 年法）　集団密航に係る罪を新設 阪神・淡路大震災。神戸市では外国人死者数151名 2　最高裁「定住外国人地方参政権訴訟」判決（上告棄却） 文部省調査，日本語教育が必要な児童・生徒は11,806人 5　厚生労働省「外国人に係る医療に関する懇談会報告」（健康保険加入促進，適法滞在外国人の国民健康保険加入検討，不法滞在者の医療費未納問題への地方自治体の取り組みへの援助，「行旅病人」としての保護，不法滞在・短期滞在者への生活保護準用の排除を提言） 12「第八次雇用対策基本計画」（閣議決定）（専門，技術的な能力を有する外国人は可能な限り受け入れ，単純労働者については国民の合意を踏まえ十分慎重に対応） 12 人種差別撤廃条約加入（1996.1.14発効）	外国人地震情報センター（現多文化共生センター）
1996	法務省，婚姻関係にない日本人との間に生まれた子どもを引き取り，養育している外国人に日本への定住を許可する方針を決定 川崎市，政令指定都市としてはじめて一般職採用試験の国籍要件を撤廃，「外国人市民代表者会議設置条例」採択，全国初の「外国人市民代表者会議」第 1 回会議開催	

1997	4　最長2年間だった研修生・技能実習生の滞在期間が最長3年間に延長 最高裁，不法就労者の労災賠償を働いたはずの期間，日本の基準で算定するよう判決	移住労働者と連帯する全国ネットワーク（通称：移住連） ふじみの国際交流センター 神戸定住外国人センター（1995の兵庫県定住外国人生活復興センター，被災ベトナム人救援連絡会が統合）
1998	無資格在留者にも定住の実態を重視し国保適用，東京地裁判決中国人女性勝訴 3　最高裁「11 国連人権規約委員会「最終見解」（永住者の外国人登録証常時携帯義務を自由権の侵害と勧告）定住外国人参政権訴訟」判決（上告棄却。外国人の被選挙権を認めず）	
1999	4　研修生・技能実習生の滞在期間3年の職種を16職種追加 8　閣議決定「第9次雇用対策基本計画」（専門的・技術的労働力の積極的な受入れと単純労働者の受入れについての国民のコンセンサスを踏まえた，慎重な対応を決定） 改正入管法が成立（平成11年法） 法務省，不法就労，強制退去後の再上陸の拒否期間を大幅に延長する方針を決定 8　外国人登録法改正法公布（00.4.1施行）（外国人に対する指紋押捺制度全廃） 11　警察白書，「国境を越える犯罪との闘い」を強調	NPO法人難民支援協会
2000	厚生労働省「社会的な援護を要する人々に対する社会福祉のあり方に関する検討会」報告書 2　ドイツ連邦共和国との社会保障協定発効 3　法務省「第二次出入国管理基本計画 21世紀に向かう出入国管理」（専門的・技術的分野と評価しうる人材はこれまでどおり積極的に受け入れ，介護・看護の分野では社会のニーズを見極め受け入れ検討。居住者以外の外国人に対する総合的な外国人行政を行う）	
2001	3　国連人種差別撤廃条約規約委員会，日本の定期報告書を審査，人種差別禁止法の制定を勧告 8　国連国際人権規約社会規約委員会，民族学校の承認と大学受験資格の承認を勧告 外国人集住都市会議「浜松宣言」 20組に1組が国際結婚	NPO法人かながわ外国人すまいサポートセンター

	11 改正入管法公布（02.4.1施行）（外国人犯罪対策，ワールドカップ対策）	
2002	1 滋賀県米原町「町村合併住民投票条例」制定（全国で初めて永住資格を有する外国人の投票権を認める） 8 「難民対策について」（閣議了解）（条約難民に日本語習得の便宜供与，職業紹介，職業訓練，就労先確保の努力）	NPO 法人多言語社会リソースかながわ（MIC かながわ）
2003	4 文部科学省，「児童生徒支援加配事業」開始 9 文部科学省，省令改正（国際評価機関認定外国人学校卒業生，外国の正規の課程と同等と位置づけられる外国人学校卒業生，高卒と同等の学力があると認められる者の大学入学（試験受験）承認） 10 法務省入局管理局，東京入国管理局，東京都，警視庁連名で「首都東京における不法滞在外国人対策強化に関する共同宣言」発表	
2004	1 文部科学省「告示」（学校教育法施行規則に基づき，在日ブラジル人学校19校に大学受験資格を付与） 3 文部科学省「外国人児童生徒を対象とする各種学校設置認可基準」制定（外国人学校の各種学校申請要件緩和） 3 多文化共生推進協議会（愛知県，静岡県等参加）設置 4 日本経団連「外国人受け入れ問題に関する提言」で，「外国人庁」と外国人の就労を管理する「外国人雇用法」を要請 4 配偶者間暴力（DV）防止法改正法（2004.12施行）（「被害者の国籍，障害の有無等を問わずその人権を尊重する」） 6 入管法改正法（不法滞在者対策：04.12施行，難民認定制度：05.1施行）（不法滞在者罰金引上げ，再入国拒否期限の延長，出国命令制度・在留資格取消制度・難民「仮滞在」制度，難民審査参与員制度新設） 6 厚生労働省，国民健康保険法施行規則改正（在留資格のない外国人を対象としないことを明文化） 11 日本・フィリピン経済連携協定締結（2006年をめどに看護師，介護福祉士の受け入れを決定） 12 文部科学省，群馬県太田市の「定住化に向けた外国人児童・生徒の教育特区」構想を承認	

2005	3 「規制改革・民間開放推進 3 か年計画（改定）」（閣議決定）（看護師・介護福祉士，医師の就労制限の撤廃及び撤廃の検討を求める） 3 法務省「第三次出入国管理基本計画」（「人口減少時代への対応」として，「人口減少」の要素を考慮し「専門・技術以外における外国人労働者の受け入れを着実に検討する」） 外国人登録者数200万人超える（201万1555人）全人口100人中1.57人が外国人 4 大韓民国との社会保障協定発効 6 「人身売買，特に女性と子どもの人身売買の防止及び禁止ならびに処罰に関する議定書」批准承認 7 犯罪対策閣僚会議「外国人在留管理ワーキンググループ」設置 11 風俗営業法改正法公布（平成17年法律第119号）（06.6施行）（風俗店の経営者に外国人雇用時の就労資格の確認を義務付ける） 11 外国人集住都市会議「規制改革要望書」（医療，教育，社会保険，雇用，外国人登録，「多文化共生庁・外国人庁」等の総合的な政策推進体制の整備等 8 項目） 12「外国人材交流推進議員連盟」発足（会長は中川秀直）	
	3 外国人研修・技能実習制度に係る法令の整備を行うことに 3 総務省多文化共生の推進に関する研究会「報告書—地域における多文化共生の推進に向けて」及び「多文化共生プログラム」の提言　／　総務省2006『総行国第79号地域における多文化共生推進プランについて』 3 「規制改革・民間開放三か年計画（再改定）」（外国人のチェック体制の強化のための在留情報の相互照会システムの構築，外国人登録制度の見直し，不法就労者の使用者責任，使用者以外の受入機関の責任の明確化を求めた） 4 法務省，「永住許可に関するガイドライン」（平成18年 3 月31日）公表 5 出入国管理法改正法公布（6.13施行：上陸審査時の指紋・顔写真等の個人識別情報提供制度，11.24施行：自費出国許可時の送還先選択，等） 7 文部科学省「外国人の子供の不就学実態調査」の結果を公表（2005〜2006年を対象に南米系日系人集	

2006	住自治体を調査)
	9　安倍内閣，所信表明演説で「アジアゲートウェイ構想」を発表
	9　日・フィリピン経済連携協定及び実施取極の締結（国家資格取得のための看護師候補者・介護福祉士候補者の受入れ）
	10　法務省，「在留特別許可に関するガイドライン」策定・公表（2009.7改訂）
	経済財政諮問会議『グローバル戦略』（IV．戦略的に取り組むべき施策と目標の一「地域の国際競争力の強化」の一つに（1）地域における多文化共生社会の構築を提示，多文化共生推進プランの策定必要性言及）
	11　外国人集住都市会議「よっかいち宣言」（外国人の子どもの教育について，義務教育期の前後を含め幅広く提言）
	12　厚生労働省「労働政策審議会建議」（外国人雇用状況報告の義務化，主要通達の告示による公表）
	12　外国人労働者問題関係省庁連絡会議『「生活者としての外国人」に関する総合対応策』とりまとめ
2007	3　日本経済団体連合会（日本経団連）「外国人受入問題に関する第二次提言」（外国人材受け入れの必要性，受け入れの社会的基盤の整備，高度人材や労働力不足の現場の要望に沿った受け入れ，技能実習制度の改革等）
	4　文部科学省「外国人の生活環境適応加速プログラム」に基づく支援事業を開始
	4　日・タイ経済連携協定の締結（特定の自然人の移動の移動の約束）
	6　雇用対策法改正法公布（10.1施行）（特別永住者を除く外国人労働者の厚生労働大臣への雇用状況報告を事業者に義務付け，不法就労防止，外国人の雇用管理指針の策定）
	6　「規制改革推進3か年計画」（閣議決定）（在留外国人の入国後のチェック体制の強化のための情報の相互照会及び外国人登録制度の見直しは平成21年通常国会までに法案提出）
	7　宮城県「多文化共生推進条例」制定　日本初
	8　日・インドネシア経済連携協定及び実施取極の締結（国家資格取得のための看護師候補者・介護福祉士候補者の受入れ）
	1　福田内閣，施政方針演説で「留学生30万人計画」

2008	を発表 3　法務省　第5次出入国管理政策懇談会「新たな在留管理制度に関する提言」 8　経済連携協定（EPA）に基づきインドネシア人介護福祉士と看護師の候補者来日 9　世界金融危機　／外国人集住都市会議「みのかも宣言」 12　総務省「外国人台帳制度に関する懇談会」報告書	
2009	1　内閣府「定住外国人施策推進室」設置 4　政府が定住外国人施策推進会議「定住外国人支援に関する対策の推進について」とりまとめ 7　出入国管理及び難民認定法及び日本国との平和条約に基づき日本の国籍を離脱した者等の出入国管理に関する特例法の一部改正（2009.7.15公布）（在留カードの交付など新たな在留管理制度の導入，研修・技能実習制度の見直し等） 『平成21年版　厚生労働白書』「第8章　国際社会への貢献と外国人労働者問題等への適切な対応」	
2010	5　「定住外国人の子どもの教育等に関する政策懇談会」の意見を踏まえた文部科学省の政策のポイント（文部科学省） 8　日系定住外国人施策推進会議を開催「日系定住外国人施策に関する基本指針」を策定（内閣府） 出入国管理法改正（「外国人技能実習制度」の抜本的再編）	
2014	7　最高裁，永住外国人は「生活保護法の対象外」	
2015	7　国家戦略特区改正法成立（医師・家事代行での外国人活用緩和）	「移住労働者と連帯する全国ネットワーク」解散，NPO法人移住者と連帯する全国ネットワーク設立
2016	6　ヘイトスピーチ解消法の公布・施行 学校における外国人児童生徒等に対する教育支援の充実方策について（報告） 安倍内閣，「外国人の技能実習の適正な実施及び技能実習生の保護に関する法律案」成立（国などの責務の明確化，「技能実習生」の「監理団体」を認可制に。「外国人技能実習機構」の設置） 「出入国管理及び難民認定法の一部を改正する法律」成立により在留資格「介護」創設	
	実習生を支援する労働組合などが都内で集会 ミャンマー，日本での実習生の逃亡につき家族に罰金	

2017	を課す制度を検討 「外国人技能実習生受入れによる人材育成促進事業」基本方針の一部変更 11 技能実習法施行（「外国人技能実習制度」の手続き厳格化） 介護職の在留資格見直し（無期限で日本で勤務可能に） 難民認定制度厳格化（急増受け一律就労許可廃止）	
2018	5 生活保護受給の外国人2016年度の月平均過去最多の4万7058世帯 6 安倍内閣，新たな在留資格創設を明記，「骨太の方針」閣議決定，外国人材の受け入れ拡大 6 厚労省，外国人技能実習生受け入れ事業所の法令違反が全体の7割と発表 7 法務省，日系4世の就労可能に（語学力条件） 7 技能実習計画認定初の取り消し（愛媛県の縫製会社） 「まち・ひと・しごと創生基本方針2018」（2018年6月閣議決定）（外国人材による地方創生支援制度の創設） 12 改正出入国管理法成立（2019.4施行）新しい在留資格「特定技能」の対象「14分野」（2019.4からの特定技能1号試験実施は介護，宿泊，外食の「3分野」） 法務省設置法改正，出入国在留管理庁設置 外国人材の受入れ・共生のための総合的対応策・外国人就労拡大に向けた新在留資格「特定技能」14業種の分野別運用方針の発表	NPO法人WELgee
2019	3 特定技能の運用要領及びQ&A公表 2018年末の在留外国人統計（2,731,093人）公表，年16万9千人増 4年連続で過去最多更新 6 日本語教育推進法成立	

国立国会図書館調査及び立法考査局（2008）「総合調査『人口減少時代の移民政策』」〔http://www.ndl.go.jp/jp/data/publication/document2008.html〕（アクセス日2009年 8 月 4 日），宮島喬・梶田孝道〈編〉（1996）『外国人労働者から市民へ』有斐閣，駒井洋・渡戸一郎〈編〉（1997）『自治体の外国人政策』明石書店，渡戸一郎〈作成〉〔http://www.ngy.3web.ne.jp/~kyojukon/〕（アクセス日2004年12月20日），各団体のウェブサイト（アクセス日2004年12月20日），神田文人・小林英夫〈編〉（2009）『増補版　昭和・平成　現代史年表』小学館，ハン・トンヒョン（2019）「外国人・移民　包摂型社会を経ない排除型社会で起きていること」小熊英二編著『平成史［完全版］』河出書房新社，517-557頁等を参考に作成。

資料 3

韓国の外国人労働者，多文化家族等に関わる政策

	法制度の名称	内容
1991	海外投資企業研修生制度	海外投資企業向けの産業技術研修生制度の創設。労働力不足に対応するため[1]。
1993	産業研修生制度 （2007年廃止）	韓国国内の中小企業の労働力不足解決のために創設された。外国人を「研修生」として雇用する制度[2]。
2000	研修就業制度	産業研修制度で就労した研修生に対し，労働者としての就労資格を与える制度。研修期間は1年，就労期間は1年であったが，2002年に研修期間1年，就労期間2年に改正された[3]。
2004	外国人雇用許可制度	韓国での就労を望む外国人労働者（非専門人材）に，就労ビザを与え，慢性的な労働者不足に苦しむ中小企業に，労働者を供給し易くしようとする制度[4]。
2005	公職選挙法改正による永住外国人に対する外国人地方参政権付与。	

---

[1]　柳吉相（2004）「大韓民国における外国人雇用許可制」『日本労働研究雑誌』第531号，49頁

[2]　柳吉相（2004）「大韓民国における外国人雇用許可制」『日本労働研究雑誌』第531号，49頁

[3]　独立行政法人労働政策研究・研修機構「主要国の外国人労働者受入れ動向：韓国」に掲載されている年表から引用。https://www.jil.go.jp/foreign/labor_system/2015_01/korea.html（アクセス日2019年9月9日）

[4]　独立行政法人労働政策研究・研修機構「導入から10年を迎えた雇用許可制の近況」https://www.jil.go.jp/foreign/jihou/2014_10/korea_02.html（アクセス日2019年9月9日）

2006	①女性結婚移民者家族の社会統合支援対策 ②混血人および移住者の社会統合基本方向	①女性結婚移民者の韓国社会への早期定着，結婚移民者家族の包括的なサポート等 ②「混血人」と移民の社会統合のための法制度基盤の構築，社会的認識の向上等を内容とする。
2007	外国国籍同胞訪問就業制	韓国系外国人（在外同胞）の入国の簡素化と就労可能業種の拡大*5。
2007	在韓外国人処遇基本法	在韓外国人の韓国社会への適応を目的とした，社会統合を進めるための法律。
2008	多文化家族支援法	国際結婚による移民に焦点をあてた社会統合のための法律。
2008	第1次外国人政策基本計画（2008〜2012)	「在韓外国人処遇基本法」の規定による外国人政策に関する基本計画。5年ごとに策定。
2010	第1次多文化家族政策基本計画（2010〜2012)	「多文化家族支援法」の規定による多文化家族政策に関する基本計画。5年ごとに策定。
2012	第2次外国人政策基本計画（2013〜2017)	外国人政策に関する基本計画の第2次。
2012	第2次多文化家族政策基本計画（2013〜2017)	多文化家族政策に関する基本計画の第2次。
2017	第3次外国人政策基本計画案（2018〜2022)	外国人政策に関する基本計画の第3次。
2018	第3次多文化家族政策基本計画（2018〜2022)	多文化家族政策に関する基本計画の第3次。

*5　独立行政法人労働政策研究・研修機構「主要国の外国人労働者受入れ動向：韓国」に掲載されている年表から引用。https://www.jil.go.jp/foreign/labor_system/2015_01/korea.html（アクセス日2019年9月9日）

■編著者紹介

三本松政之（さんぼんまつ　まさゆき）
1986年　中央大学文学研究科社会学専攻博士課程単位取得退学
現　在　長野大学社会福祉学部社会福祉学科教授，博士（社会福祉学）
主　著　『福祉ボランティア論』（共編）有斐閣 2007年，『新・コミュニティ福祉学入門』（共編）有斐閣 2013年，『コミュニティ政策学入門』（共編）誠信書房 2014年，『はじめて学ぶ人のための社会福祉』（共編）誠信書房 2016年　ほか

朝倉美江（あさくら　みえ）
2002年　東洋大学大学院社会学研究科社会福祉学専攻博士後期課程修了
現　在　金城学院大学人間科学部コミュニティ福祉学科教授，博士（社会福祉学）
主　著　『はじめて学ぶ人のための社会福祉』（共著）誠信書房 2016年，『多文化共生地域福祉への展望』高菅出版 2017年，『コミュニティ・ユニオン』（共著）松籟社 2019年，『協同による社会デザイン』（共著）日本経済評論社 2019年　ほか

■著者紹介 （五十音順）

朝倉美江（あさくら　みえ）
執筆箇所：第2章，第4章（はじめに，第1節），終章，コラム1，2，3，
　　　　　読書案内5，7
〈編著者紹介参照〉

門　美由紀（かど　みゆき）
執筆箇所：第6章，コラム4，読書案内1，2，資料1，2
2012年　東洋大学大学院社会学研究科社会福祉学専攻博士後期課程修了
現　在　東洋大学人間科学総合研究所客員研究員，博士（社会福祉学）

三本松政之（さんぼんまつ　まさゆき）
執筆箇所：はじめに，第1章，読書案内6
〈編著者紹介参照〉

新田さやか（にった　さやか）
執筆箇所：第3章，第4章（第2節，第3節），読書案内4，資料3
2019年　立教大学大学院コミュニティ福祉学研究科博士課程修了
現　在　和洋女子大学人文学部こども発達学科准教授，博士（コミュニティ福祉学）

原　史子（はら　あやこ）
執筆箇所：第5章，コラム5，読書案内3
1996年　立教大学大学院社会学研究科応用社会学専攻博士後期課程単位取得退学
現　在　昭和女子大学人間社会学部福祉社会学科教授

多文化福祉コミュニティ
——外国人の人権をめぐる新たな地域福祉の課題

2020 年 4 月 25 日　第 1 刷発行

編 著 者　　三 本 松 政 之
　　　　　　朝 倉 美 江
発 行 者　　柴 田 敏 樹
印 刷 者　　藤 森 英 夫

発行所　株式会社　誠 信 書 房
〒112-0012 東京都文京区大塚 3-20-6
電話 03 (3946) 5666
http://www.seishinshobo.co.jp/

©Masayuki Sanbonmatsu & Mie Asakura, 2020
検印省略　落丁・乱丁本はお取り替えいたします
ISBN978-4-414-60163-3 C3036　Printed in Japan

印刷／製本：亜細亜印刷㈱

はじめて学ぶ人の ための社会福祉

三本松 政之・坂田周一 編

「高齢社会（無縁社会）」「移民問題」「過疎化」など課題が山積みのなかで、地域社会に根ざして展開されるこんにちの社会福祉。しょうがい者・高齢者・外国人・過疎地域、自治体職員・専門職・ボランティア・NPOなど、対象も方法もさまざまなその取り組みを、社会福祉のことを何も知らないという人が具体的にイメージできるように紹介する。

主要目次

A5判並製　定価(本体1700円+税)

コミュニティ 政策学入門

坂田周一 監修
三本松 政之・北島健一 編

「リベラリズムとリバタリアニズムの対立」「社会正義」「出生前検査」「無縁社会」「移民」「災害」など、日本のコミュニティが抱える様々な問題を各分野の専門家が分かりやすく解説。社会福祉に関する教科書として機能しつつ、読者にとっては不透明な未来を予見する材料が豊富な人文書。図説が多用され、視覚的な理解を促す。

主要目次

B6判並製　定価(本体2400円+税)

ソーシャルワーク記録 [改訂版]
理論と技法

副田あけみ・小嶋章吾 編著

ソーシャルワークにとって記録のあり方は、最重要課題の一つである。ソーシャルワーカーのみならず援助職には、正確な記録を効率的・効果的に示し、援助活動へ活かし、適切に管理していく能力が要求されている。改訂版では、学習がしやすいように簡潔な構成に変更し、記録の様式と記入例が拡充されている。記録の作成を学ぶ初学者から中級者、さらには、学生の教育や職場に導入する記録様式を判断する立場にある上級者まで、幅広く本書から指針を得られる。

B5判並製　定価(本体2400円+税)

市民後見入門
[東京大学市民後見人養成講座 テキスト版]

牧野 篤 監修　飯間敏弘・佐藤智子 編

近い将来に爆発的に増える認知症患者等の財産や生活を守るための成年後見制度を支える市民後見人養成の要点をまとめた入門的テキスト。

A5判並製　定価(本体2200円+税)

対人援助のための
グループワーク

福山清蔵 編著

グループの持つ力と機能を引き出し、より効果的に協働や協力を実体験できるようなワークを40種紹介した「グループワーク素材集」。

B5判並製　定価(本体2800円+税)

対人援助のための
グループワーク2

福山清蔵 編著

グループワークのレシピ集、待望の第2弾。コミュニケーションが苦手な人でもグループ内で安全に自己表現ができるワークを掲載。

B5判並製
定価(本体2700円+税)

対人援助のための
グループワーク3

福山清蔵 編著

グループワークのレシピ集の第3弾。実践のなかでカウンセリングの本質を身につけられるようワークの題材を厳選し、解説もつけた。

B5判並製
定価(本体2700円+税)